남자의 방

시와산문기획시선 · 02

이 도서의 국립중앙도서관 출판예정도서목록(CIP)은 서지정보유통지원시스템 홈페이지(http://seoji.nl.go.kr)와 국가자료공동목록시스템(http://www.nl.go.kr/kolisnet)에서 이용하실 수 있습니다.(CIP제어번호 : CIP2014029942)

남자의 방

시와산문기획시선 · 02 / ⓒ 신경숙

지은이__신경숙
펴낸이__이충이
펴낸곳__시와산문사
주소__110-070
　　　　서울시 종로구 새문안로 5가 길 11(내수동 4) 옥빌딩 503호
전화__02.738.5595
팩스__02.738-5596
출판 등록 번호__1-555호
　초판인쇄__2014년 10월 30일 제 1판 1쇄 인쇄
　초판발행__2014년 11월 15일 제 1판 1쇄 발행

ISBN 978-89-8326-113-7

값 12,000원

- 이 책의 전부 또는 일부 내용을 재사용 하려면 반드시 저작권자와 시와산문사의 동의를 받아야 합니다.
- 이 책은 수원시와 수원문화재단의 문화예술발전기금을 지원받아 발간되었습니다.
- 저자와 협의하여 인지를 생략합니다.
- 잘못된 책은 바꾸어 드립니다.

남자의 방

신경숙 시집

시와산문사

___신경숙 시인

• 시인의 말

  첫 시집의 부끄러움을 십여 년 달고 다니다 이제, 떼어내려 하지만 꼬리를 문다.
  문턱을 넘은 흔적 없는 방, 오랫동안 채워놓은 자물쇠, 열어보려 애써보지만 헛되고 고단한 일이다. 남자의 방을 나와 아버지의 방, 문고리를 잡는다.
  찬양은 곡조 있는 기도라 말하는 친구에게 시는 들꽃처럼, 돌틈 비집고 올라오는 생명처럼, 익숙한 대상에 표정과 목소리를 만들어 주는 것이라 말한다.
  동행하는 이들과 시의 대상에 대해 얼마만큼 간절하게 기도했는지…….

2014년 가을
신 경 숙

• 차례 ··

1__ 물거울을 보다

물거울을 보다 / 13
바닥짐 / 14
얼룩에 관하여 / 15
미술관 계단에서 몸을 만들다 길을 만지다 / 17
소인을 찍어두고 / 19
소리를 보다 / 21
꿈을 꾸다 눈을 뜨고 / 23
후리덤 / 24
길들일 수 없다 / 26
물길을 낙타 등에 실어두고 / 28
길에서 잠들다 / 30

2 _ 남자의 방

풍장 / 35
남자의 방 / 36
틀니, 바다를 건져 올린다 / 38
행복한 마당에 생신상 차린다 / 40
막차에 종소리를 태우고 / 42
계단을 내려가며 / 44
길을 잃다 / 46
보통리에서 / 48
헛꽃을 올리지 않는다 / 50
문 밖을 서성이는 / 52
청미래덩굴 사이로 / 54

• 차례 ··

3 __ 틈새를 나와 꽃이 되었다

면접실 / 59
낮꿈 / 61
들꽃, 문풍지에 가두고 / 63
짝 / 65
풀물들이다 끊어낸 날들에 / 67
나무로 가득찬 방 / 69
틈새를 나와 꽃이 되었다 / 71
리스 / 73
아리실에 가면 / 75
말들의 장례 / 77

4_ 집으로 간다

벗고 싶다 / 81
여자가 춥다 말할 때, 뛰자하던 / 82
더듬다 / 83
비보호 좌회전 / 85
투계 / 86
값하고 싶다 / 87
연습이 필요해 / 89
자일리톨 사랑법 / 91
덮어 씌울까요 심을까요 / 93
손편지 써놓고 / 95
집으로 간다 / 97

■ 해설·환상미학 속 몸의 언어—이충이 / 101

1
물거울을 보다

물거울을 보다
— 드므*

　근정전 월대 아래서 물거울을 본다 입술이 중심에서 비껴나 있다 여기 오기까지 한 쪽 어금니로 치우쳐 씹은 까닭이다 빗물이 떨어지자 흔들리는 얼굴에 늘어나는 입꼬리 어금니 틈새로 부서진 이름들이 독 안을 채운다 물린 흉터와 등돌린 문신. 못에 걸린 이름과 벗겨진 신발과 헛발질의 아랫도리를 생각한다 쭉정이 씨앗이, 아니, 씨눈마저 가져보지 못한 홀씨들이 그믐달 무늬에서 움트고 한동안 입술을 뜯어 비늘을 벗긴다 답도**를 오르던 눈길에 등줄 타는 땀방울과 불거진 힘줄을 본다 돌계단에 눌린 손가락이 틈을 열고 낮달로 떠있다

　물거울을 보다 중심에서 내려온 입꼬리 들어올리려 턱선을 문지르자 군살처럼 불거진 문신이 드므* 속을 빠져나온다

*입이 넓적하게 생긴 큰 독. 목재 건축물의 화재 예방으로 빗물을 담아두는 독.
**임금님의 가마가 다니는 길.

바닥짐

비 그친 저녁, 종이배를 띄운다 엎어지지 않으려
밑자리 깔고 짐을 앉힌다 깊이를 가늠하려
물 속 끌어오며 바닥짐*을 덜어낸다

수위水位 높아지는 서호천西湖川을 걷는다
뿌리혹 털어내며 꽃자루 흔드는 자운영 따라
갈대의 등 밟고 건너 간 물길을 부른다

숨쉬는 배꼽이 흔들린다 구멍 속에 앉은
모래의 무게, 물 무늬 마저 지우고
수초의 엉킨 머리카락을 빗질한다

순을 밀어 올리고 부러진 가지를 찾는다
한 가지로 씨방을 받쳐들 수 없어
무릎 꿇어 앉힌다 버리고 잘라내야
물 위를 걸을 수 있다

*해양용어 '밸라스트'를 뜻하는 것으로 배의 균형을 잡기 위
 해 배의 바닥에 싣는 짐을 말함.

얼룩에 관하여

 몇 잔의 커피를 마시고 컵이 얼마나 쌓여가는 지 날마다 혀에 물든다 여전히 가방을 내려놓은 아침, 습관처럼 인스턴트 커피의 목을 조른다 살냄새 흐려지는 날, 비의 머리카락 흐트러지는 날, 눌러놓은 돌덩이 바람은 발목을 걸어 넘어트리고 달아난다 얼룩이란 말보다 심장 쫀득한 말이 무엇인지 생각나지 않는다 모든 얼룩이 지우고 싶은 마음으로 커피를 마시는 동안 혓바닥을 지나 목구멍 넘어, 느슨해진 박동을 재촉하고 얼룩진 날들을 깨우고 있다 매달린 만큼의 무게로 지우고 다시 지우다보면 통각의 냄새를 잊는다 헛꽃을 올리게 하고 순식간에 떼어낸 물사마귀 흔적을 남기지 않고 차오른 살, 당신의 몸을 올렸던 저울대 한 쪽으로 기울고 중심을 잡으려 발 하나 올린다 끈적하게 남아있는 프림 자국이 침 냄새를 당겨오고 주는 거야 주는 거니까 심장까지 내주며 멈출 수 없다고 노래한다

 끊어버리는 날, 냄새는 지워지겠지만 얼룩은 무늬를 입고 따라 다닌다 냄새를 버린다는 일이 벗은 몸으로 서 있는 것 보다 아프다는 걸 말하는 너에게, 나는 버

룻처럼 목을 쥐고 <키스>* 한 스푼 넣어 잔을 건넨다

*화가 클림트의 작품(1907~1908) '금색 시기' 작품의 주된 특징을 보인다. 성애性愛뿐 아니라 예술로도 변화를 일으키는 힘이 있다는 클림트의 믿음을 구체화한 작품.

미술관 계단에서 몸을 만들다 길을 만지다

 부기浮氣를 버리지 못한 월요일, 오후 6시를 베고 누웠다 참새무리 지도를 읽다가 계단으로 모여들었다 그 날 휴관이라는 것을 알고 야외 전시작품을 독점하려, <시간의 집>을 만나러 동물원 리프트에 몸을 올렸다

 물 위에 앉아 산 위로 날아오르는 오리가 된다 참았던 숨을 이팝꽃 위로 뱉어내고 어지럼증을 신발 밑창에 패대기친다 여름을 흘려보내고, 철지난 봄날이 벚나무 껍질에 촘촘히 박혀 미술관은 환하다

 미술관 안쪽을 기웃거리는 손 붙잡아두고 계단에 모여드는 참새 혓바닥 길이 만큼 자모음을 꿰어 본다 밥 먹고사는지, 시계市界를 넘어 환승할 수 있는지 콕 찍어 묻는다

 손톱 두께가 층층이 올라앉은 노모老母의 굽은 손과 입, 벌린 뒤꿈치는 울리지 못해도 껌딱지만큼, 눈곱만치 끄덕여주는 풀씨 텃밭은 만들어 준다고, 검지를 세워, 바닥 누르며 발자국 그린다

내수동* 옥빌딩으로 이어진 골목은 절뚝거린다 길 끝 나는 모퉁이에 좌판을 펼치고 숯불에 익는 고추장삼겹살, 가방 속에 구겨진, 결구結句를 만나지 못한 길은 지우개를 달고 엘리베이터 버튼을 누른다

몸이 만들어지지 않는 월요일, 몸에 길을 내다보면 시를 만들 수 있을까

*서울특별시 종로구의 동명洞名.

소인消印을 찍어두고

성당 건너에 우체국이 있다
어김없이 물기를 털어내는 아침
달항아리만큼 부른 우체통을
열고 조바심으로 가득 찬 내장을 비운다
소인이 찍히고 마음이 멀어질까 두려운
거리를 헤아린다 도착지에 먼저 가 있는 엇박자
악보가 찔레넝쿨에 걸려 여독을 털고 있다
한 뼘씩 틀어진 철로 위를 질주하는,
내장을 버리고 목어처럼 매달려 있는,
우체국 유리창에 거미줄이 외줄을 타며
늘 곡예처럼 예민한 신경줄 당기는 일이라고
제 집을 만들지 못한 빈터에
뼈를 세우는 중이다
사방으로 열려있는 성당 입구에
배를 놓치고 수심水深을 알 수 없는
양들이 기도한다 마리아상 앞에서
주소지를 얻지 못한 겨자씨앗이 장식처럼
조명을 켠다 해를 보내며 사흘 남긴 날들에
우표를 붙여 봉인해둔다

먼저 가 있는 소식이 따개비처럼
달라붙은 굳은 회신을 물고 오기를

소리를 보다

    조계사曹溪寺 일주문一柱門 지나 광화문 광장이 종착역이다

    일주일을 꼴라주 해두었다 에이포A4용지에 담아가는 것이지만
    한 장의 달력에 꼭 붙여놓고 싶은 풍경은
    인디스페이스* 포스터, 노라노의 검은 모자와
    드레스를 옮겨 12월을 디자인하고 싶다
    미니스커트 입은 처음, 첫날의 수런거리는 심장 소리를
    코끼리표 보온병에 담아두고 싶다
    나다운 나를 찾아 체코대사관 골목을 빠져나와 메트로 신문사
    지나칠 때까지 나를 찾았다는 기사 한 줄 없다
    랩소디 인 블루**는 깃발 위에 펄럭이고, 오셀로의 질투는
    데스 데모나 입술을 녹색으로 물들인다
    불새가 남긴 발자국에 깃털 하나 떨어져 있는
    박물관 전시실에 소리를 보러간다
    집을 나온 노라는 벽보라도 장식 하지만

일주문을 넘을 수 없는 그녀는 용비어천가 식당을 지나
어제! 그 옥빌딩 5층을 누른다 회전문
빠져나온 사내가 넥타이를 이마에 묶고
장미여관 봉숙이***를 부른다 못드간다 못간당 말이다

*서울 종로구 경희궁 1길 1에 위치한 독립영화 전용관.
**미국인 지G 거쉬인이 작곡한 피아노와 오케스트라를 위한 협주곡.
***2011년 결성된 5인조 밴드인 장미여관의 자작곡이다.

꿈을 꾸다 눈을 뜨고

눈뜨고 꿈꾼다 자판 끌어와 동굴 안으로 들어가는 키key를 두드린다 돌냉새가 이끼를 키우고 몸이 젖어온다 구멍 가운데 묻어두었던 사금파리 손톱을 세우고

실핏줄 터진 눈 보며 알았다 꿈이 아니다 트럭 위에서 자란 흙, 숨소리 단단해졌다 알로에 물 버리더니, 귀뚜라미 몸을 달구어 네 바퀴 굴린다

여름을 빠져나온 선인장 손가락 3개로 팔굽혀펴기 한다 물든 눈에 인공눈물 떨어트린다 참아온 숨 토해내며 손톱 끊어내자 자판 위에 일렬로 서 있던 자모음 시소를 탄다

동굴을 빠져나오다 사금파리에 넘어진다

말아 놓은 아트지에 가마를 걸어 불을 지피고 있다 도랑에서 건져내는 우렁이 껍질 속에서 소금꽃으로 핀다 지금, 독지리* 갈대밭에 가면, 젖은 신발 말리는 부들의 발목 잡을 수 있다

*화성시 송산면의 지명.

후리덤
―― 신파조新派調

목걸이 채우며 고리 길이가 덫이었음을 안다
　부풀려진 알 속에서 꼼지락거렸을 씨눈 첫날밤을 굴리고 있다

　드라마 결말을 알면서 한 줌 눈물 퍼주고 숨을 몰아쉬는 막장, 보이지 않는 것에 묻고 또 물어도 만질 수 없다 한때 물의 말로, 한 번의 눈빛으로 환해질 수 있었다 담장 너머 냄새의 가지 흔든 그 날, 고리 길이 만큼 내려놓을 수 있었다 등줄기는 당도하지 않을 줄 알면서

　손금 지우며 팽팽해진 줄을 당긴다 손끝을 떠난 고양이가 궁금해지지 않을 무렵 주머니 속에서 꺼낸 악보, 리듬을 타지 못해 구겨둔 '가질 수 없는 너' 웃고 있다

　털을 세우고 비린내를 찾는 동안 껍질 속에서 폐사한 시계를 거두는 연습을 했다 웅크리고 잠든 밤마다 관절염의 굽은 손가락 등뒤로 숨기는 여전히 귀여운

엄마를 꿈꾸며 장수건강원 호박등, 하얀 이 세우고 있다 고리를 풀어 선을 만든다

  부르지 못한 노래를 부르고 숟가락이 밥냄새를 끌고 걸어온다 지문 지우는 날 더해졌지만 집나간 고양이 수소문하는 수고는 없을 것이다 목걸이를 풀어놓는다 기울어진 시소의 중심에서 내려온다

길들일 수 없다
──사막여우

혼자 있는 달팽이를 사냥하며 사막여우는 모래 한 알 움켜쥔다 낯선 발자국에 제 몸 만한 귀 열고, 모래 속으로 가라앉는다 그 까칠한 미운털을 세운다. 새알 하나 숨겨두고 우물을 만든다

모래바다에 남겨진 발자국, 빠지지 않으려고 발바닥 털도 세운다 사하라 별을 보며 주린 배를 허리에 붙이고, 모래언덕을 바라보는 휑한 눈, 휘몰이 모래바람 무리를 피해 낙타 등에 숨는다

땅안개 피는 사막 새벽바람 안으며 먹이를 물고 무리를 찾는다 길들일 수 없거나 길들일 수 있는 사막에 탯줄을 꽂는다 모래폭풍이 폐와 핏속을 타고 흐른다 몇 날 며칠을 낙타 등에 옮겨놓은 깊은 우물은 어떻게 되었을까 어디쯤에 파고 있을까

퇴화화석으로 꼬리뼈에 남아있는, 으깨진 바퀴벌레 등딱지처럼 윤기 나는, 목구멍을 타들어가는 모래 언덕과 골짜기에 떠도는 열기와 지울 수 없는 뱀의 흡혈자

국, 고저체온을 조절할 수 없어 곁에 둘 수 없다 밤마
다 누가 사막여우 눈빛을 길들일 수 있을까

물길을 낙타 등에 실어두고

　건너야할 단단한, 무릎을 반쯤 꺾어서 검버섯 올리는 나이, 아니 디뎌온 흙냄새, 여자의 몸을 비우게 하고 텅 빈 구멍 속 시곗바늘이 찌르고 발자국을 새겨두고, 한 세기에서 한 세기로 이동하기 위해 낙타 등에 물주머니 실어놓는다

　틈이 생겼다 한눈파는 동안, 모래 바깥에서 청매실, 새콤한 침을 모으고 코스모스 계절을 잊은 때부터 우물이 마른 때부터 투명하게 번져간다 책장을 채우고 이력을 늘려가던 빈터에 꽃들이 자란다 시장市場에 세워놓고 뽑아가거나 수신되기를 기대한다 한 장에서 한 장을 넘기고 내가 되기를 끝없이 붙이고 있다

　지문을 지우며 허물을 벗어놓을 때, 수리산修理山 길고양이 뜨거운 감자다. 베어 문 자리 물주머니 차고 있다 수염을 훑는 일상에 이빨을 던져주고 잇몸으로 날짐승의, 열매를 열어야 하는 시월 펼쳐 읽기 위해 수채화를 그리기 위해, 건너가기 위하여 머리카락이 칡넝쿨처럼 자란다

집을 허물고 세우는 일이 일상이다 주소지는 없다

피서지, 마지막 쓰레기더미 치우는 날, 투명한 화선지 위에 발자국을 그릴 준비를 한다 먼지에 실려온, 바람의 뒤꿈치 찍어두기 위해 틈을 내준다

가둘 수 없지만 길목을 막는다 집을 나간 길고양이 구름을 깔고 앉아 수맥을 찾는다 묻어둔 대롱 속으로 풀풀 고인다 지금 투명한 관정管井에 귀를 달아주고 물을 모으고 있다

길에서 잠들다
——조정택 씨를 생각하며

남사랑으로 첫차를 타고 내려온
영등포 노숙인 조씨가 그랬다
그가 퍼내 온 밥알이 조팝꽃으로
닭백숙 속에 빠진 유월 더위가 개천에 뛰어들면서
점퍼 안에 작은 몸은 등줄기를 따라 굽어진다
흑백시절 사람이, 허드레일과 색실 같은 음식을 풀어놓아
납작한 몸 반쯤 접어 눈인사를 나눈다
달月 거르지 않고 마지막 토요일 어르신 섬기는 것이
노숙인 조씨에서 봉사자로 보여
몸을 숨긴 냄새의 내력을 지우고 입안을 빠져나간 발음
붙잡으며 공동체를 굴리는 한 덩어리로 보았다
차를 나누며 이름자를 묻고 한 살 아래임을 알고
허물없이 누구야 부르며, 시간을 건너 투명하게 웃는다
이름을 불러 준, 주름진 생을 덮어준
그녀의 문장을 찾아 그물을 던진다
동명同名의 문인文人 작품을 뻐꾸기 알 품듯
속이 깊은 주머니에, 가슴에 묻고

그의 관심이 그녀에게 전해지기도 전.

집 없이 떠도는 쉼터의 조씨는
심장마비로 갔다 주머니 속, 품은 알이 부화되기 전에
동생 빚보증에 집밖에 내몰린 그가 영등포 안식처를 얻어
남사랑의 자원봉사자가 되기까지
동년배의 여자가 허물없이 보낸 정이,
그녀의 설익은 시 하나 낚다 길 위에서 잠들었다
뒤바뀐 시詩가 주머니 속에서 파닥거린다

2
남자의 방

풍장

이른 저녁 모란장에 가서
개장에 갇힌 누렁이를 보면서 개국을 먹었다
깨진 진열장에 흑염소를 넣고 바위산을 기어오르며 놀았다
파장은 이르고 엿장수의 스피커로 인파는 몰려드는데
장구실 울 안 닭장을 지키던 소이를 보고는 목젖이 팽팽하게 조여왔다
눈물이 났다 발길 닿는 곳마다 송장처럼 피를 버린 누렁이들이
고리에 널려 말라가고 있었다
시장은 종류를 알 수 없는 동물들의 목숨건 투견장이다
각처에서 5일장을 찾는 사람들로 북적거리고
닭장, 개장, 토끼장 속으로 밀어넣는 장사꾼의 힘선 목줄을 본다

어제 모란장에 먼지바람 맞는 개들을 보았다
제일 값나갈 때 풍장이 되는

남자의 방房

그 남자는 납물을 안고 다닌다
견고하고 다양한 틀 안에
마르지 않는 납물이 흐른다
납덩이를 물려받은 유복자遺腹子는
자르는 법을 알 수 없어 잿빛 막을 만들어
부식되지 않는 얼굴을 가지고 있다
시도 때도 없이 뱉어놓는 단내는 심장
소음을 흡수한다 무심코 열어본 방은 근육질로
잠겨있다 축전지蓄電池 용량을 가늠하지 않아도
시계市堺를 넘어 남북南北으로 순환하며 펌프질을
멈추지 않는다 방은 좀처럼 열리지 않았고
가슴뼈를 찌른 후에 녹슨 자물통이 떨어졌다
활자판 위로 납물이 흐른다 네버엔딩이 각질처럼
일어선다 남자의 방을 연 탓이다
신장병이라 했다 독성이 차곡차곡 발자국에 쌓이고
자물통을 물고 있던 고리에 한 때는 쫄깃했던
염통의 지문을 찍어둔다
껍질을 벗어 놓은 남자의 방에 납비늘처럼
단단한 여자의 살냄새가 고여있다

삼킬 수 없는 타액으로

틀니, 바다를 건져 올린다

굴 따온 어머니한테 젖냄새가 난다
고무장갑 서둘러 벗으며 플라스틱 대야를 받아 내렸을 때
언니 몰래 건네준 나문재 한 움큼
마미손장갑 밑에 눌러주시며 까실까실한 자국을 남긴다
갯지렁이 다녀간 어머니, 얼굴을 찡긋거린다
돌담 위에 올라앉은 캐시미론이불, 보푸라기
떼 내며 밥냄새 모으고 있다 이제,
골방장판 밑에 묻어둔 대학입학통지서
꺼내봐도 될 듯 사각모에 번진 곰팡이, 두 아이
열 서너 살 지나서 털어냈다
물수제비 뜨던 돌맹이는 지금 물 위를 건너뛰고 있을까
숨차게 살아와 숨 고르지 못하는, 샘물이 말라 다시마
키울 수 없는 거북등 지고 다니다 목 젖힐 때
소금창고 무너지는 소리, 물길 덮는 굴착기 소리
4월이 다 가기 전에 아버지는 바다로 갔다
오래 전 뼈를 버린 사람들처럼

실치 먹고 싶은 봄날이면 어머니는 틀니를
내려놓고 초고추장 넣으시며 양푼을 저으신다
바다를 건져 올리고, 잇몸에 걸리는 투명한 뼈를 찾
는다

행복한 마당*에 생신상 차린다

　어쩔 수 없다 현관문을 열어, 말굽을 세우는 순간 소란스럽다,

　겨자씨 땅에 떨어져 눈뜨지 못한 채 마당을 나와야 한다는 옆지기,
　　밭고랑에 베어낸, 들깻잎 냄새를 달고 손톱 물들이신 아주버니,
　　설이**가 자고 있어 마당으로 바로 온다는, 늦은 출발 알리는 둘째네,
　　예배를 마치고 정시에 도착한다는 막내딸, 혼자 온다 누차 말한다,

　어쩔 수 없는 사연을 메고 나온 형제들,
　빈상 수저를 만지작거리는 백발白髮의 어머니,

　등갈비전골 옆, 메인 요리 박사학위 올려놓은 큰조카,
　결혼은 미친 짓이다 모태 솔로 둘째 조카, 컴퓨터 없는 책상에서
　긴 하루 보내고 이른 귀가 내밀고 있다,

메뉴를 정하지 못한 막내아들네 밑반찬으로, 젓가락 왔다갔다,
　설익은 말, 쌈싸름하게 솔내 묻혀, 후박엿으로 고아내는,

　행복한 마당*에 상 차리는 구순의 백발,
　집에는 마당이 없고 행복한 마당 밥상에 제 밥그릇 올리고 있다,

*용인시 처인구 소재 음식점 상호.
*조카 이름.

막차에 종소리를 태우고

막걸리잔은비어가는데안주는더디게나온다주점안은순간한해가화석으로저장되고테이블마다거리에서떠밀려온중년남자들과경제개발5개년계획첫단계이전출생의여자들만북적이고있다떠뗘이는꼬막을열어갯벌을싱싱하게펼쳐놓고홍어를씹는남자의성근이에곰삭은살점이냄새를올리고있다끼니를놓치지않은나는탱탱한면발을젓가락에돌돌말아타종을기다리는허기진길위에던져주었다

노선을잃은버스는오지않고대기시간은30분전부터여전히7분이다첫대면의아가씨와합승을하고서울역마지막버스를기다린다요금은기분좋게지불하고인심좋은한해의첫날을같이한그녀에게복을기원해주고정류장의승객들은버스가진입하는쪽으로일제히고개를내밀고있다귀가한다는것이도살장의소처럼목줄을끌어내듯정해놓은도로명을찾아번잡하게문을열고닫는일이다는것을알고있다길위를점령한가는밤과오는새벽을비켜남산1호터널을빠져나간다

온기가식기전매달고온키스자국과종무식을마치고점심나절부터부지런히손목을꺾던손이손잡이를흔들고간다한

강을건너가는광역버스가겨울강을깨우며쿨럭거린다자정을반시각넘겨도할증이아니다연장되는배차시간에연신아쉬워하는팔딱이는심장을매달고막차는시계市界를넘는다선잠깨우는눈꺼풀을정류장에내려놓고주량을넘긴위장에서늦은저녁강간당한꼬막이벌교로달음질친다먼저내린정거장에특별시의음식을펼쳐놓는다광역을넘어회차하는막차에빈자리마다종소리를태우고새해로달린다

계단을 내려가며

바닥을 닦아야 하므로 바로 세우지 못하는
여자의 등은 어둡다 계단을 내려가며
빛을 끌어내린다 네모 속에 엘리베이터를
밀어 넣고 먼저 내려가 지하층에서

무릎을 편다 장갑을 깊숙이 끼고 낮달을
감춘다 발자국을 지우고 꼭대기 층에 숨을
풀어놓기 위해 참아온 살갗. 꽈리를
부풀려 일시에 터진다 빠르게 날아오른 장화
화단으로 곤두박힌다 올라설 수 없으면
납작 굽혀야한다 마미손 장갑으로 혓바닥을

문질러대는 둥근 등은 더 이상 토해낼 것
없어 거품을 꺼내 놓는다 빗질을 끝낸
현관 컵볶이를 버리고 가는 사내아이와
마주친다 아래로 내려가는 다리는
눈도 데리고 가서 맞서지 못하고 맘껏

입술을 떼지 못한다 둥근 등을 세우고

계단을 오르며 겨우 일으켜 세운 봄날을
애드벌룬에 매단다 낮동안 옥탑 위에
묶어놓은 햇살로 공복을 채우고 장갑
속에 넣어 놓은 달을 꺼내 널어놓는다

길을 잃다
── 손금을 보다가

    더듬이 세우고 그물망 빠져나가 생명줄 거머쥔 단백한 명줄은 새앙쥐 뿐이다 설 전야 식순은 언제나 야채를 난도질 한 후 만두 속을 만드는 일이다 잘 익은 김장배추가 부서지면 양파망에 넣어 물기를 짠다 늦가을 단풍물 내려놓을 때쯤, 섣달 그믐밤 해를 삼키다 목에 걸린 달빛 두부를 섞는다 지문을 지운 색색의 식이섬유는 말아 쥔 주름의 결박을 풀고 판을 벌인다 덩달아 생쥐도 쌀자루 속을 들랑날랑, 끈끈이 덫에 쥐똥 만한 조롱을 남겨 놓는다

    새끼손가락 발육이 정지되어 마디가 남들보다 짧다 악수할 때마다 옹이 굵은 마디 감추려 주먹을 쥔다 초년고생 심했을 것이다 얼굴하고 다른 손을 가졌다 손 거칠고 못생겼으면 이력을 미루어 짐작하는 헛발질한다 아니거든, 새끼손가락 타고 오르는 손금이 아리다 후려친 못 머리가 빛난다 굳은살에 이정표를 달아둔다 여러 갈래 잔금을 돌아 곧게 뻗어 올라간 신작로를 만난다 운명선을 쫓다 엄마의 손금을 보았다 접힌 손이 테칼코마니처럼 반대편 엄마 손에 펼쳐진다

탯줄 잘린 자리에 꽃봉오리, 기척이 부풀고 배꼽무늬가 흐리다 딸아이 마른 탯줄은 코닥필름 통에서 방부제 먹고 스물네 번 생일을 보낸다 태아의 길을 잃어버렸다 여전히 달은 거르지 않고 자리를 지킨다 살갗이 정교하게 닳아 달항아리 실핏줄이 불거진다 한 번도 입술 닿은 적 없다 족두리봉峰*에 걸터앉아 소화불량인 채 먹고 또 먹는다 누적된 배설을 위해 대침을 놓는다 꽃길을 언제 밟았는지 모르는데 꽃물이 흐른다 배꼽 아래 길이 차단된다 위로 난 길과 아래로 이어지는 선이, 자식 수는 맞다 손금을 보다 길을 잃다

*수리봉이라고도 하며 북한산(삼각산)에 있는 봉우리 해발 370m.

보통리에서

저수지 산책로에서 남자들이 낚시를 하고 있다
눈발이 언제 그칠지 차 안에서 입김으로
성에꽃 가장자리를 녹여본다

12월 눈 내리는 저수지 밤, 버드나무 마른 잎
사이로 아직도 불빛을 켜고 기다리고 있다
흩어지는 눈의 속도로 권태를 말하는 너
티아모 주차장을 빠져나가는 바퀴를 세우며

잠시, 습관적 투정이라 생각했다 무심히 나무
산책로 틈으로 뛰어드는 눈이 너에게 다가서면
녹아내릴 것 같은 홑겹으로 유리창에 부딪친다
자해공갈단처럼 던질 수 있다면 전력질주로

카페 조명이 꺼지고 박수소리 무대에 묻고
달빛 얼어버린 밤의 중심에 바퀴마저 얼어
하현달 같은 물가를 떠날 수 없다 겹겹이 어는
새벽 물 속에 가라앉은 낚시바늘처럼
숨을 고르며 지느러미 곡선을 낚는다

잎이 보통리*저수지 위로 눈발처럼 뛰어내린다
언 강을 건너가 잠들지 못하고 일어선 새벽처럼

*화성시 정남면에 위치.

헛꽃을 올리지 않는다
──가지꽃

양지는 가지처럼 살아야 한다 어린 딸이 세상에
밀려 겉돌까 알아듣지 못해도 중얼거린다

자국 넓이만큼 아버지 수심은 깊어가고
솟아오른 살갗 두께만큼 욱신거린다 볼 타고
내리는 소금물 쓸어내리는 굽은 손이 연신
대패질*한다 아버지 등 속으로 소금창고를 낸다

뿌리뽑힌 가지를 보아도 열매를 달고 있다
흙냄새를 따라간 텃밭에서 가지를 세워
꽃을 올리면 반드시 열매를 맺고 있다

모자란 놈이든 잘 난 놈이든 따지 않으면
내려놓지 않는다 소금바람에 흔들리는
함초처럼 뻘밭에서 버텨주기를
등뼈 내려놓은 아버지를 세우자 소금꽃이 빛난다

그녀 손길이 지나칠 때 부어오른 살들이 소금기를
빼고있다 아버지 텃밭을 옮겨와 물 흐르는

가지꽃 웃음으로 화상자국을 지우며 독을 빼고 있다
양손에 서리맞은 어혈의 여자들이 매달린다

꽃들이 손을 놓을 때까지 맨드라미 씨앗같은
숨길 트일 때까지 손을 놓지 않는다

*염전에서 소금을 모을 때 사용하는 나무로 만든 도구며 고무래같이 생겼음.

문 밖을 서성이는
——의송화

한낮의 뜨겁고 비린 정사
아랫도리를 위로 세우고 정분난 꽃들의
엉킨 시간을 씨주머니에 묶어
바알간 햇살의 가시를 발라 팔딱거리는 씨방을 찌른다

의송화를 버렸던 부전나비는
세울 수 없는 앞다리의 기억을 일으키며
여자의 간지러운 날개 뼈 주름 속에 웅크리고
닥지닥지 달린 진딧물의 유년을 나무의 수액처럼 빨고 있다

척추뼈를 누인 꽃들은
감당할 수 없는 무게를 새끼줄로 묶어
어지럼증의 아랫도리를 싸리 울타리에 세운다
사내의 허기가 부풀려지고 솟구친 분들이 유월의
뜨거운 구멍 속을 열어 실핏줄의 엷은 꽃잎을 달군다
데워진 햇살에 층층이 젖은 붉은 꽃잎을 말린다

안으로 데려 갈 수 없어 담장을 서성이는 여자처럼

보리강냉이 같이 부푼 엉덩이를 드러내며
넘을 수 없는 문설주에 도돌이표를 그리며
거짓말처럼 밥풀꽃 같은 눈물길을 내고 있다

아랫도리를 위로 세우고 설익은 씨방을 익히는
꽃들의 길은 단내를 풍긴다
문밖을 서성이는 의송화, 여자의
별 같이 초롱한 태아의 길은 그믐밤처럼 음습하다

여자에게 꽃길을 내고 다녀간
나비의 흔적이 화석처럼 남아있다

몸을 연 오래된 기억
늘, 혼자 깨어있게 하고

청미래덩굴 사이로

뒤를 돌아보지 않고 물방울은 도랑을 넘었다
길을 지우거나 길을 말아두는 일이
비 내리는 4월 저녁 앞산으로 발 옮기고
망개나무 순, 가지 끝에 나비 혀를 펼칠 때
봄날 한가운데 연하게 흔드는
헝클어진 덩굴 헤치고 조개를 캔다

씨앗이 다 차지한 과육을 베어먹으며
열매를 따다 갈고리에 걸어둔다
가시 지나간 자리에 엉긴 실핏줄이
문신을 만든다 청미래덩굴 아래서
혓바닥을 당겨본다 표지판이 뒤바뀐
물길 위로 빗방울이 뛰어다니다가
접어놓은 길을 펼친다 발자국 무심히
따라나서고 망개나무 저 붉은 열매처럼
등불 켜고 앞서간 심장은 멈추고
몇 번인지 모를 꺼진 심지 모아둔다

잡은 손들은 저들끼리 덩굴 만들고 심장은

단단히 매달아 잎을 내주지 않는 더듬이
세우고 날개를 털어낸다 그물 망에
걸린 날개를 빼낸다 냄새나는 입,
쌈 싸두었다 망개떡 같은 찰진 입술을
만든다 아리실 앞산 청다래덩굴 사이로
놓친 손을 찾는다 싹을 올리지 못한
붉은 열매, 가시를 빼내고 있다 뿌리로 내려
가는 허기, 아랫도리 오므리고 조금씩
열어놓는다 한꺼번에 올리지 않는다

3
틈새를 나와 꽃이 되었다

면접실
―― 엿보기

문 열고 들어오는 사람들은 순을 올리는 봄나무처럼 싱싱하다 연한 잎에 한 줌 덤을 더하는, 마주 앉은 무릎과 무릎이 저려온다 발가락에 모인 통증이 뒷걸음치다 복숭아뼈에 걸려 넘어진다 채 열지 못한 책가방과 얼룩을 남긴 숟가락 하나, 봉해놓은 이력서를 뜯고 탁자에 눕는다 소쿠리에 담은 열매의 과즙을 닦아내는 손, 이름표를 매달아두고 숙성을 기다린다

당겨 쓴 월급이 눈을 켜고 일을 잡는다 포만이 간절한 밥솥은 바닥을 긁적거리고 한 번 퍼올려 본 기억이 없는 주걱의 목 밥알을 세고 있다 문고리 여러 번 바꾸던 버릇이 참을 수 없어 접은 무릎 세우고 자동문에 지문을 남긴다 꽃잎과 냄새로 열매를 짐작함이 무섭다 훔쳐보는 귀는 합격과 불합격을 점치며 여백을 채운다

미듐M, 라지L, 엑스라지XL 어디에 속하지 않은 몸통, 도달하지 않은 문자 메시지를 읽고 유니폼 입어 본다 손을 씻고 이름표를 떼어낸다 아무도 걸어온 발자국에 딴지 걸지 않는다 봄나무로 걸어온 싱싱한 이력은 펼쳐

놓은 알몸을 접어 넣는다 들여다보지 않은 봉투, 휴지
통에 넣으며 보았다 물길을 잃은 관 속에 밥덩이처럼
퍼올린 겨울나무, 뿌리는 무덤을 빠져나오려 머리카락
세우고 있다

낮꿈
──몽산포

  해당화 마른 가지를 일으켜 물들인다 가시가 파도 소리를 찌르며 모래알을 끌어온다 구름으로 낮아져 쓸쓸한 포구에 핏줄이 붉어진 통정의 심장에선 노을이 익어간다 육지의 경계에 이르러 온몸을 짓찧고 거품 토해낸 시린 투혼이 치졸하다 낮꿈 꾼 치정의 저녁은 깊어진다

  모래바람 세우고 반월 모양으로 야금야금 경계를 허물어가는 언덕에서 생의 소리가 수선하다 겹쳐진 자리가 푸르게 자란다
  여자는 맨살을 말리는 중이다 물에서 태어나 구멍 속에서 소금 냄새가 난다 파도의 주름처럼 깊어진 손금마다 비늘이 떨어진다
  흘러든 포구에서 밀려나는 저녁, 노을이 타든지 물들던지 칼질하는 수산마트 여주인의 무심은 싱싱한 호기심에 회를 친다 심심한 날 북서계절풍은 사막을 그리워하게 하고 내가 유영하던 대지와 맞닿은 바다로 달려간다

  부풀려진 파도는 모래에 업혀 몸을 낮추고 있다 몽

산포에서 낮꿈을 꾼 날 누구와 노을을 보았는지 모른다 찰진 살점을 쌈싸 기억의 보따리에 묶어둔다 뽀송한 갯벌에 발자국 찍은 날, 만조는 바다를 끌어와 모래의 역사를 삼킨다 구름으로, 노을을 볼 수 없는 날 내장을 버린 개불 같은, 붉은 속살의 여자, 솔모랫길을 맨발로 걷는다

들꽃, 문풍지에 가두고

　손과 눈은 여자의 몸에서 퇴화되어 태를 자른 배꼽의 흔적으로 피어있다 손가락과 눈은 어미의 차오른 배에서 만조의 바다에 가본 적이 있다 주름으로 접혀오는 파도의 물살에서 무심한 심해의 물풀 해풍이 비린내를 풀어 여자를 어비리에 뿌려놓았다 몸속이 풀밭이라는 것 모르는 누에, 검은 벨벳처럼 만지지 못한 만큼, 고치 속으로 숨어든 손과 눈 여자만 아는 깊은 골짜기 되어 진공의 집을 짓는다 집집마다 우물 하나 파놓고 삼신할미 찾는다

　반달처럼 여자의 손을 자른, 육두문자肉頭文字의 동생 감각을 잃어갔다 골짜기 찾는 손목의 기억으로, 나풀나풀 싸리꽃 꺾었다는 여자, 빛바랜 위인전에 국화잎, 코스모스 눌러 놓고 문풍지 여러 해 바르는 동안 여자의 우물은 말라 모래 둔덕을 만들었다 그녀 안의 골짜기는 뿌리의 핏줄로 물오른 들꽃이다 수수하고 청결한 냄새를 안고 투명해져갔다

　손톱과 쥐눈 같은 눈동자가 없는 여자 여자의 웃음

은 꽃무늬 원피스에서 날아오른다 꽃잎을 버리고 씨방이 단단해지던 가을 여자는 풀씨 하나 달고 누에의 집으로 갔다 나방이 버린 빈집, 물레질하는 누에의 목뼈 소리로 가득하다 그녀는 연한 수액으로 슬레이트 지붕을 바꿔놓고 손과 눈이 없는 여자의 몸, 깎거나 볶는 읍내 미장원에 피어 달의 주기를 닮아가고, 원피스에 피어있는 들꽃을 말려 문풍지에 가두는 일을 한다 여자의 몸 안에 퇴적된, 깊은 골에서

짝

　숫자 5를 달고 걸어오는 여자 날벌레를 끌고 온다 웃는다
　단내를 중심으로 날개를 터는 사내의 꽃자루가 일어선다
　꽃자루의 중심이 씨방이 아닌 꽃잎이어서 웃는다
　저녁의 숨소리를 끌고 와 풀빛을 여물게 하는 이 '의느님'*이라 웃는다
　중심에 선 여자가 모음으로 웃어서 동그랗게 웃는다
　같은 리듬으로 날개 터는 수벌의 한결같음이 웃게 한다
　숫자 1의 여자가 춤을 추기 시작하자 방향을 바꾸며 날아간다
　예고 없이 보여주는 둥들게 휘어지는 등짝처럼 5의 눈빛이 흔들린다
　사랑은 기법 없이 오래 가지 않는다
　냄새 올려 순해질 때, 꿀단지를 얻는다는 어미
　주름 속 가는 눈에 감사한다
　발굽 아래 드러누운 길이 얼마나 많았기에 뼈의 길이 곡선이다

숫자 3은 풀잎이다 말캉한 뒤꿈치를 버리고 말굽소리 말아든다
　밥냄새를 혼자 풀어놓은 풀꽃은 꽃이 아니라 웃는다
　풀씨는 자갈밭도 말랑하게 밀어 올린다는 것을 모르니 웃는다
　터널의 길이를 지나 구운 냄새의 바퀴를 밀고 온 4호 여자
　햇살과 풀냄새와 물비린내를 토해내며 웃는다
　여자는 밥상에 올려놓은 너의 카피copy 만들지 못해 웃는다
　멧돼지 털에 장臟을 버리는 벌침을 보며 웃는다
　결혼비행이 장지임을 모르는 수벌을 보며 웃는다
　있을 때 잘해 눈물의 씨앗 같은 유행가를 생각하며 웃는다
　장미꽃 가시를 삼켜야 하는지 물색없이 웃는 연한
　풀꽃을 안을 것인지 두 손을 타는 저울을 보며 웃는다
　잃어버리고 비린내를 버린 나는 웃는다
　꽃자루는 씨방을 꼭 붙든 채 꽃길의 냄새를 버리지 않는다

*의사+하느님이 결합한 성형시대의 신조어.

풀물들이다 끓어낸 날들에

풀꽃이들어올린길이들썩인다
모내기가시작되자오동나무꽃등을켜고
장구실저수지에띄운다
연한순들을불러꽃밭이되고
나비발자국을지우는동안말없이쑥을뜯는다
찔레순과망개순을끓어낼때마다
별꽃이머물다간자리를만지작거린다
눈동자잃은자리에옹이박히고
5월싱그런하늘올려다보지않는다
출품작을준비하듯땅에내려온별
꽃을사진첩에끼워놓는다
아무렇지않은봄날을비켜간사람들과
단단한흉터에물길을내고
불어나는비닐봉투를보면
뿌리채뽑아내지않으려손톱에힘주며
순했던날을야무지게끓어내고있다

들썩이다솟아오르는별꽃
꽃잎마다화분花粉을흔든날갯소리를받아낸다

진열장불빛이양귀비꽃으로핀다
실타래를쉽게풀지못했다
번진잉크자국이사연을짐작하게하고
몇장을이어붙인투명테이프는덧난흉터처럼솟아있다
태우고찢어버린유년의살점에핏물이흐른다
팔팔하게지느러미터는쉰세살봄을회쳐들고
내미는맨발에켜진등불뒷꿈치에걸려넘어진다
어머니물렁한잇몸을살치살이누르고
씨없는수박이단물을덜어낸다
내얼굴지우고백발白髮이걸어간다

별꽃이피고또지고산뽕나무
여러해묶어두었던뿌리를털어낸다
풀물든손톱처럼

나무로 가득찬 방

첫 장면은 가방 속에서 파리를 꺼내놓은
노부부의 퍼즐 상자가 뒤엉키며 시작한다
다음 장면을 기대할 때마다 나무는 자꾸 자라난다
부풀어오르는 실핏줄 틈으로 누가
먼저인지 알 수 없지만 모싯잎을 덮어씌운다
목 조이는 신용카드에 침대를 내어주고 토니블레어*가
묵은 호텔 숙박비를 기꺼이 지불한다
드러내는 가슴 골짜기 따라 숨길도 따라나서고
구부러진 소시지를 먹기 위해 새옷을 장만하지 않
는다
낯선 남자를 위해, 남편을 위해 아니
나를 위해 블랙 드레스를 입는다
뜨거워졌다 열어놓기를 반복한다
관람석에 기대앉아 껍질이 된다 물기둥, 잡은
손 움켜지고, 뱉어내는 가시는 옆구리를 찌른다
들숨과 날숨을 가로막은 길을 트고
닫히지 않는 가슴뼈를 지나 거슬러 오르는
연어를 만난다 멍든 입술을 달고 키스를 한다 지나간
자리마다 수초가 자라고 손발에서 뿌리가 자란다

열어보는 방마다 협착증을 앓고 있다 숨이 차오르더니
쓰러진다 한장 한장 뽑아내어 등을 내준다
마지막 장면이 끝나갈 무렵, 흑백 필름 속
댄스에 리듬을 탄다 여자도 따라 스텝에 힘을 더하고
구경하던 친구도 발을 맞춘다 자막을 따라 고개
젖히다 보았다 일어서는 가방 속에 나무를 구겨넣고
나이테, 혹은 나무껍질에 무늬를 만들고, 혈관을
빠져나오는 고지혈의 청어알, 배를 뒤집고 있다

*1997.5.2~2007.6.27까지 영국 총리역임, 1994.7~2007.6월까지 영국 노동당 당수.

틈새를 나와 꽃이 되었다
—단추와 단춧구멍

옷자락을 뼈로 여몄다 구멍 입술을 핥고
중심에서 피고 싶다 한 구멍 속을
들락거리며 헐거워지길 바라지 않았다
심지를 덧대어 여미지 못한 흉터와
새눈으로 빠져나가는 물길과 안팎을

꽃봉오리가 중앙에서 하나씩 동일한
간격으로 핀다 꽃은, 가위가 지나
간 자리에서 딱지처럼 빛난다
야자나무 그늘을 만든 사막에
모래의 구멍을 촘촘히 박음질하며
솔기 가르고 헐렁해진 주름
조바심을 팽팽하게 다림질해놓는다

태생적으로 스스로 고개를 내미는 여자
바늘귀를 붙들고 구멍 속을 들락거린다
여자 중심에 노루발자국을 남기고
배꼽과 배꼽이 겹쳐진 자리에
감국이 피었다 냄새 근원지로

분분해진 혓바늘을 조심해야한다

합쳐진 옷감을 사뜨기 하고, 입다문
소문들은 뒤집어 박는다
두통의 밤을 새우며 밀어올린
꽃에 대해 헛기침을 한다
진열장에 올려놓아야 할지,
벌어진 흉터 틈으로 일어날지
치켜 뜬 눈으로 물렁뼈가 들락거린다
구멍을 빠져나온 꽃은 중심에서 환하다

리스lease
—— 나를 빌려드립니다

씨네 21 933호, <변호인> 주연배우가 표지를 채운다

건반을 건너가는 그의 이가 시리게 부시다 외까풀 눈주름 위로 놈, 놈, 놈이 총을 겨누고 있다 비둘기색 줄무늬 재킷 위, 명치 부분쯤, 당신은 누구십니까? 활자는 지느러미를 흔들며 풍경을 싱싱하게 열어 놓는다 용의자를 쫓아 숨가쁘게 뛰어온 골목에서 카운슬러의 표범과 밀레니엄 : 여자를 증오한 남자의 등짝에 용이 몸 시를 쓴다 내 몸에 낙서금지, 청록색 돌고래가 살색이 될지도 모르는데 애프터서비스를 받지 못해 문신이 슬픈 가계부라 말하는 자유기고가의 투정을 지나 집으로 가는 길에 출출한 여자의 위장으로 잠입한 후 시간여행을 떠나기로 한다

지금 사랑하지 않는 자, 모두 유죄

로빈슨 주교의 두 가지 사랑을 찾아 말하지 않으면 바뀌지 않는다 외치는 성적 소수자의 눈우물 깊이를 가늠할 수 없다 에세이를 쓴 사진작가의 프로필 직함이

장면채집자라 한다 현재는 언제나 처음이다 하지만 누적된 처음이다 겹겹이 겹쳐진 과거의 현재 위에 오늘의 현재가 쌓인다 북코너에 화장실 표지판처럼 서 있는 나를 빌려드립니다 눈 내리는 밤을 붙잡아 놓고 그게 다…… 외로워서 그런다는 한 다발의 시선을 받은 뮤지션은 노래한다

   사랑 사랑 누가 말했나 남궁옥분은 아니다

   한 시인은 '사랑은 눈물의 씨앗'이라고 나훈아 선생이 말했으니, 빼버리고 은유법을 쓰라 한다 춤이 말하고 몸이 이야기하는 자유소극장을 찾는다 나를 빌려드립니다 암고양이 발톱을 세우고 환절기 근육통의 금요일 밤을 핥는다 아무도 머물지 않은 두레홀 4관 바람과 함께 사라진 담배가게 아가씨는 들키면 어때, 내려놓은 남자를 위하여 여자를 버리고 도망치는 남자도 모르는 여자가 알아야 할 남자의 첫사랑을 찾아 클릭한다 나를 빌려드립니다 15만원이면 하루 빌려드립니다

아리실에 가면

봄날 개울가에서 점액질의 달달한 찔레꽃 냄새가 난다 여자와 부모가 머물고 있는 이 골짜기는 시리고 욱신거리는 어금니처럼 금박에 싸인 채 버려진 썩은 이같아 연기는 물뱀처럼 마을을 덮고

따사로운 날 몽돌에 귀를 대고 유년의 아리랑을 노래해 여자의 찬 손이 저려와 밤마다 내 심장엔 진달래가 물들었지 꽃이 떨어지면 줄기마다 연한 사분쉼표의 네 손톱이 죽은 밤나무에서 자라고 있지

모르겠다 콘크리트 속에서 자벌레는 날개의 투명함으로 울어 마디마다 검은 무늬의 짭조름한 번데기 냄새가 진동하고 뽕잎은 밤새 미끄러운 혀를 내밀어 고치가 만든 집을 산허리에 옮겨놓고

어비리 저수지는 질펀한지 이제 계곡은 물길을 잃어 마른 논은 금속성의 소음으로 가득하지 마을은 나직하게 숨을 죽이고 터치 스크린에 가두고 언제든 꺼내보면 그뿐이지 바람이 노래 부르는 동안 빈 집이 잠시 소란할 뿐이다

헛간 문틈으론 사진틀에 갇힌 봄이 열리는 소리 돌돌 밀어오는 말똥구리의 둥글고 느린 걸음과 물비늘을 뒤적이다 뜰채에 걸린 송사리는 깜장 고무신 신고 우물 속으로 걸어간다

여자와 부모가 남아있는 아리실은 사랑니다 잇몸이 욱신거리는데도 회관 마당엔 태극기가 펄럭거려 산허리가 잘리고 공장이 그늘을 만들어도 인사돌만 먹어 싸리꽃 같은 염증의 피를 흘려도 뽑아내지 않아

마을은 빛바랜 일기장 속 여자의 누에섶이다 아리랑이다 풍경은 기억 속에서 어루만져지고 모닝커피 향에 깊어지고 지금 아리실에 가면 식물성의 뽕잎을 먹은 여자가 단백질의 옛이야기를 뽑아내는 빈 집을 찾을 수 있다

말들의 장례

언제부터 이곳에 꽃들 습성이 자리했다
뿌리 깊이는 무시한 채 바위취, 돗나물, 멧꽃 마른땅에
자국을 남기지 못한 평발의 꽃들이 한 줄로 인사했다

화살 눈을 뜨고 깜박여야 하는 창 안은 어두워져야
빛이 환하다
 이른 새벽 손가락 누르면 어김없이 문을 연다
 뾰족한 입들이 손의 눈으로 뿌리를 찌른다
 여름의 거친 호흡이 검붉은 얼굴로 내미는 한낮
 나른한 근육은 자음으로 꿈틀거리더니 재빨리 모음
으로 둥글어진다

 멀뚱멀뚱 눈알 굴리지 말고 인사말을 남겨주세요
 좋은 하루 되세요 모든 덕담은 괜찮아요
 어차피 포장해서 등록하는 선물용 한 줄인데요
 화살촉에 꽂힌 생각 한 조각 너무 무겁다고요 삭제
해주세요

 깜박깜박 검은 눈이 움직일 때 꽃들이 사막의 풍경

을 끌어온다
　물길 끊긴 뿌리는 말라가고 냉기를 과하게
　틀어놓은 카페는 쿨럭거리며 자동문이 열렸다 닫히기를 반복한다
　같은 이름을 가지고 창을 몇 개 더 열어 논다 또각또각
　게시판을 찾지 못한 절름발이 꽃말이 길을 잃었다 급하게 클릭한다

　등록한 인사말을 삭제한다 말의 장례를 순간 처리한다

4
집으로 간다

벗고 싶다

옷을 벗는다 시시포스의 바위처럼 들어올린
두 개의 봉분 말캉하고 둥글게 말은 애벌레의
몸매 배꼽까지 끌어올린 톡톡한 물방울의 면빤스
벗어버리면 농익은, 무화과의 속살 어김없이
중력의 법칙을 증명하고 단단하게 감긴 엠보싱의
휴지처럼 볼록한 배, 뿌연 욕실 거울 앞에서 옷을
벗다 보면 발가벗어도 부끄럽지 않은 날의 우윳빛
곡선과 꽃길, 고래는 다닐 수 없는 뱃길이 보인다
살과 살이 만져지고 뜨겁게 얽혀
이렇게 온 우주를 끌어안은
폐경의 늙은 집을 버리고
조류의 기억으로 날아보려는 닭의 가슴과
풀의 살을 끼니 삼아
웃자라는 앞니와 계분의 배설을 꿈꾼다

나는 이제, 자라나는 달을 버리고 옷을 벗는다
원시림의 사내가 유혹하는 정글을 만나고 싶다

여자가 춥다 말할 때, 뛰자하던
―― 가갸, 가?

춥다, 움츠러드는 목을 세우며 걸음이 빨라질 때 코트를 벌리며 언 등 녹이고 마주한 심장의 박동수 세어 볼 수 있을까 튀어 오르는 기대를 누르고 있을 때, 그도 흔들리는 핏줄을 당기고 아래로 힘껏 달음질쳐 출구를 찾는 냄새, 주머니에 숨기며 걸음을 재촉했을까 우리 뛰어요 팽창한 온도가 유리컵을 깨는 순간, 가질 수 없는 너는 차오르는 달의 무게를 견딜 수 없었을 때, 미안하다는 말한 적 없이 연필자국 지우듯 분실粉失이라고 할 것 없는, 몇 날을 기타줄에 올려놓고 튕겨버린다 방전된 음들은 스피커를 빠져나와 제멋대로 밟는 스텝 위로 가방을 지키는 책 위에 앉는다 몇 개의 퇴적층을 만들어 놓고 아무 것도 몰랐던 지워진 날들을 찾아 그물을 던진다 어종魚種을 가리는 습관으로, 그물망을 열어보지 않은 날들, 백허그back hug 고대한 단발머리를 찾아 뛰어요 그가, 그 겨울 여자 만한 딸아이를 옆에 두고 환하게 웃는다 말했던 것들의 퇴화된 손, 미루어 짐작했던 암각화, 퇴적층을 빠져나와 허물을 벗는다

더듬다
―― 시작詩作

　색감과 소리에서 시작하는 리듬도 있다. 우연히 들어앉은 자리, 가면 속에 숨겨둔, 기호로 가득 차있는 판화, 만들고 싶은 기타처럼 맥박이 뛰는 리듬이다. 꼬리를 감추지 못한, 분리할 수 없는 심장 하나 만졌을 뿐, 전에 없는 관심을 가지고 분명 그들은 변이되거나 물 밖으로 건너오지 못할 거라, 볼 수 있는 각도로 이해한다. 소리를 만지작거린다. 그물에 걸려 유영하는 입句*이 입句을 끌어당기고 밀쳐낸다. 들숨과 날숨이다. 씨줄과 날줄의 칼날 위에서 작두를 탄다. 더듬거렸던 활자처럼 곡조曲調는 부를 수 없었고 지면紙面을 타는 살찐 문장은 활어活魚처럼 물길을 넘어선다. 뿌리내리지 못한 억새와 오늘을 디디고 물드는 소리는 밀고 당길 수 없는 사이가 있다. 그 사이만큼 미리부터 하루를 펴놓고 핏기 없는 냄새를 끌고 다닌다.

　누구를 만나야 하는지 도착지를 어디로 정해야 하는지 상형문자를 해독하듯 라디오 주파수를 맞춘다. 더듬거렸던 자음과 모음은 자판 위에서 리듬을 탄다. 알몸을 드러내지 않고 비법은 진열장에 숨어있다. 열대꽃처럼 검게 보이는 붉은 무늬들, 선명하여 현기증이 나는, 광물성의 색, 차갑게 식히거나 달구지 않은 주문呪文으로 땅 위의 소리와 너머의 소리를 탄다. 끝없이 만지작거린 속소리 부서지며, 부서지면서 드러누웠다 다시 일어선다. 활자는 지면을 나와 악보를 더듬거린다. 아무것도 말하지 않고 모든 것을 말하는 더듬거림으로

*시구詩句 또는 구구절절句句節節.

비보호 좌회전

　오전 9시 45분, 그는 직진이고, 사무실로 가는 중이고, 침묵이고, 법정식이 없고, 가시다 오후 3시 30분, 너는 느티나무이고, 프로야구선수고, 등나무 꽃이고, 여름이고, 시작이고, 쌍방과실이고, 약속 장소로 이동중이고, 보호할 수 없는 녹색신호다

　교차로에 진입한 오후 4시 26분, 직진으로 달아나는 남자와 멈추어 기다리는, 왼쪽으로 기울어지는 중심을 세우며 신호의 꼬리를 문다 어비리 저수지 알배기 참붕어, 붉은 신호등 무시하고 가스 버너에 튀어 오른다 산란기라고 봐주는 이 없다 몽땅, 알아서 가라했다

　심장을 찌른 가시가 수습을 서둘기 위해 불을 붙이고 있다 살점이 입안 가득, 새우등을 펴고 현장을 찾는다 통하지 않는다 닭이 먼저인지 달걀이 먼저인지, 몸이 먼저 말한다 신호가 깜박거리고 황색등이 켜질 때 모든 귓속말은 간지럽다 괜찮다, 녹색 신호등이 켜지고 비보호 좌회전을 한다

　가끔씩 등나무꽃은 지워진 문신에 침을 찌른다

투계 鬪鷄

　어투가 문제다 외식이 있는 날 종업원에게 청유형請誘形으로 메뉴를 고르고 서비스가 불만이라 이야기하면 딸은 옆으로 비켜서며 그냥 넘기자며 눈을 흘린다 음식점에 앉아 자근자근 꼬리를 씹는다

　할 말이 많다 음식값에 봉사료가 포함되었고 "주실래요" 이 어법이 쌈닭 전용어란 말인가 계란볶음밥 추가되지 않으면 비용을 지불하겠다는데, 설거지가 안 돼서 냄비가 없어서 못한다는 접객태도에 태클을 거는 것이 친정 유전자를 운운하며 용감한 자매들이라 비난받을 일인가 쓰레기 버리는 학생을 세워, 주워가라는 아줌마, 아이들은 싫은가 보다 입을 막았던 시대를 비켜가서 다행이라는, 열사나 투쟁가가 되어 단명했을 것이다 빈정대는 그들도 피로 맺어 주머니 가득 쓰레기를 넣어오는 무단투기無斷投機되지 않은 의리

　사무용 어투가 몸에 배인 나이 외출할 때마다 손전화를 챙긴다 "네, 투계 사무실입니다. 부당한 일이 있거나 보신 분 있으면 알려주세요 언제든 앞장서 쪼아드리겠습니다"

값하고 싶다

 언제쯤 동인이 될까싶던 시·무크지에, 원시림의 사내를 만나고 싶은 벗은 여자와, 타는 가슴이 몽산포 노을 같아, 흐린 날 모랫길을 걷는 사내, 아리실 외딴 집 문풍지에 핀 연한 쑥부쟁이 그 여자, 장구실 뒷마당에 목줄만 휑하니 남긴 소이의 풍장, 시 5편이 지면을 차지했다 중심이 살아있는 사내와 석류 알갱이처럼 가슴이 붉은 여자에게 풀잎처럼 싱싱한 얼굴의 무크지를 건넸다 부동산시장이 바닥이야, 임대아파트 월세도 내기 힘들어 공인중개사사무소 사장님 노랗게 웃으시며 택시를 몰고 왔다 벚꽃잎에 시편을 적어 그 중에 제일은 사랑이라 말하는 옥탑, 붉은 십자가에 띄어 보내도 답장이 없어, 부르면 언제나 산수유처럼 노랗게 웃는 택시기사가 되었다 시인 친필은 처음이라 고맙다는 깨알같은 마음을 딸기에 박아 보냈다 시는 어렵지 않고, 낯설지 않고 비틀지 말았으면 해, 그냥 배시시 끄덕였으면 해 단물을 삼키며 내 시가, 딸기 값을 한 것인가 물어본다

 아리실 선희는 술을 마시면 술값을 해야 한단다 소주는 알싸하게 맥주는 거품 일으키며 막걸리는 빈대떡

만한 슬픔을 부쳐먹으며, 한 잔 술에 입술을 축이고 두 잔은 목줄을 세우고 세 잔 술에 내장의 길을 내야한단 다 모태母胎신앙인 그녀의 주酒님예찬론 아니, 사찰 나들이 좋아하던 신랑의 유언같은 주酒기도문

  술도 값을 하는데 내 시가 노랗게 웃는 선배의 딸기 값이라도 되었으면, 한 잔을 마셔도 붉게 익어 주량을 가늠할 수 없는, 내 술값처럼 지지하지 않았으면, 시인이라 말 못하는 난 아직 값을 못하고 산다

연습이 필요해

  몇 번이나 말을 삼켰으나 목젖에 걸리고, 입술은 한 잔 술에 아무렇지도 않은 아침을 맞아 달싹거린다 무릎에 앉혀놓고 올린 속눈썹으로 쇼 윈도우 마네킹처럼 꽉 들어찬 조명을 받는다 언 방 녹이고 못질해 놓은 사진틀을 옮겨놓았다 눈 내리는 태백 바람에 절은 황태黃太가 지느러미 털며 빈속을 유영했다 발자국 없는 길을 걷고 황지黃池 정수리를 만져보았다

  혀는 들리지 않는 목소리에 할 말이 있고 하지 말아야 할 말이 있다했다 가질 수 없는 것에 대해 연연하지 말자 뭐든지 연습이 필요해 몇 번의 불통을 겪고 손이 닿는 거리는 만져지지 않고 문지방을 넘어 각자의 밤을 건너간다 햇살로 씻은 얼굴로 가면을 썼다 뱀허물로, 낯선 눈으로 맞는 저녁, 끓는 물이 커피향을 올리고 무릎에 앉힌 소리 내려놓는다

  먼저 말하지 않았다 나는 멜로영화 엔딩처럼 폼나게 이별할 수 있다 핑계처럼 말하려 했는지 모른다 굽 높은 구두에서 내려와 맨발로 달리고 싶었는지 모른다 혓

바닥이 넘은 수위 건널 수 없다 깊이를 가늠할 수 없는 문장은 고개를 내밀었다 숨었다 밤새 만질 수 없는, 가질 수 없는 푸른 문장을 속눈썹에 걸고 있었다 몇 번이나 말을 삼켰으나 목젖에 걸리고, 말하려했는지 모른다

자일리톨 사랑법
——클림트Klimt의 키스

자작나무 향이 있어야 합니다 부풀려진 향의 발원지는 간혹 떡갈나무입니다 태생은 눈여겨봐야 합니다 산타우체국 소인이 찍힌 수화물은 정품입니다(냄새의 길을 잊으면 배꼽 문향을 찾는 번거로움이 있거든요) 반 이상은 수액이 차 있어야 해요 아침마다 편백나무 수피를 벗겨야합니다 물기가 마르기 전 성급하게 정맥을 일으켜 수액을 풀어놓아야 합니다(수액을 탕진한 물길은 양파즙을 꾸준히 복용하시길) 개인적 취향은 애플민트를 좋아합니다 몸무게는 54킬로그램 처음에는 용기가 필요합니다 시간이 지나면 리필을 사용하면 됩니다 세일 할 때는 리필 세 개에 42퍼센트 할인, 포인트 즉시 적립, 정가로 구입하면 손해입니다 그 남자의 방문을 열면 아이스민트, 핑크민트가 다녀갔네요 신제품이 수없이 개발되니 어쩌라고요 갈아타야죠 권태균 성장억제 효과 있습니다 불소 같은 새로운 여자를 만나면 예방효과 있습니다(의문이 있을 경우 판매자나 고객상담센터에 문의, 홈페이지에서 언제든지 확인하시기 바랍니다) 로테를 사랑하는 고객에게 드리는 팁tip입니다 두뇌활성 효과 있습니다 그 남자는 어금니 무늬를 수 없이 남겨

나보다 머리가 좋습니다 정신집중효과가 있어 건망증의 여자는 언제나 씹힙니다 졸음방지 효과 있어 가로등불 아래 허기를 세우고 유리창 너머 비린내를 찾아다닙니다 벽지를 훼손하지 마세요 단물이 사라지면 버리면 되요 누군가를 기다리고 물 속을 살아야 할 때 벽지에 붙였다 다시 씹는다 제대로 걷지 못한 편백나무 숲은 목욕탕으로 내려오고 씻을수록 스며든다 마른 껌을 떼다 보았다

덮어씌울까요 심을까요
   ──갈아 내거나 또는 뽑아야 한다

나이테를 돌아나온 바람이 들락거리다 뿌리에 걸려
넘어지고 벗겨진 살 속을 대못으로 찔러본다
엷은 범랑이 혀를 흘리고 드디어 뚜껑을 닫는다

오랫동안 열지 못해 곰팡이 번진 냄새 가두려
  열리지 않은 입술이 터진다 걸어온 길과 건너야할
시계추
  시소의 중심에서 밀리지 않는다 아랫니를 드러내며
흔들린다

  뿌리를 건드리자 꽈리를 분다 손목이 유난히 시다
  날마다 윗니 아랫니 골고루 문질러온 숨이 삭고 있다
  자일리톨 한 톨이 길을 막는다 한쪽으로 씹어만든
굳은살
  자리를 바꾼다 엇박자 리듬으로 소리를 말아올린다

  "덮어씌울까요"
  생니를 갈아 구멍을 막는다 깨진 앞니를
  감추고 드러내지 못한 때가 더러 있다 풍선껌을 불자

자막대기 스쳐간 입술에서 조각난 대문이 떨어졌다

열 살에 흔들린 문이 스무 살에야 못을 박았다 입다문
십년 명치에 새겨둔다 열기가 치밀어 올라 고혈압인지
화병처럼 터진다 뚜껑 열자 입 속으로 깨진 이가
들어간다 씨를 버린 꽈리는 잇몸 속을 들락거리다
흔들리는 뿌리의 거푸집을 덮어씌운다

손편지 써놓고

카세트 테이프 지금은 어디서 들어야 하는지
허기가 채워지지 않는 날 문득, 물비늘을
만지고 싶고 창 넓은 카페 유리창에
기대어 편지를 쓴다 소중한 인연들 위에
내게로 온, 받아보는 이 정하지 않는다

잔금이 굵어진 내 손금 위에 지금은
길을 내고 집을 짓는 중이다
길에서 만난 풀씨들을 지붕 위로 올려
먼지를 세운다 바람의 틈 사이로 뿌리를 내려

아무도 알아채지 못하는 문패를 달아놓고
견디어낼수록 환절기마다 잦은 신열이
장군산將軍山 구절초 피는 계절이어서
유월 땡볕 아스팔트처럼 몸을 달군다 길 위
소리를 옮겨 날아다니는 82년 편지지 위로
흐린 내 눈동자마저 돋보기의 무게를 더한다

변하지 않는 것들이 단 하나라도 있어주길 바라며

어제의 나를 오늘 위에 붙들어 올려 미처
부치지 못한 편지 한 통, 물 위에 풀어놓는다
물비늘을 들추며 길 위의 풀씨와 집을 짓는 이야기와
들을 수 없는 카세트 테이프처럼 편지를 써
우체통을 찾는다 내게로 온 길들에게

집으로 간다

물을 건너기가 쉽지 않은 기색이다
카트 백cart bag 옷 사이에 안개
주의보 구겨 넣고 행렬로
떠나는 집 밖의 봄기운은 돌담을
넘지 못했다 튀어 오르는 걸음으로
물 위에 올라 바라본 여객터미널,

꽃비가 내리는 4월 중순 안경이 얼굴을
가리고 머리에 눌러 쓴 모자,
칠판을 빠져나와 계단을 오르고
물수제비를 뜬다 울렁거림으로 2시간째,
피곤하다 전했다 흔드는 파도를
묶어두고 자리를 정리하는 아침,
햇살이 털어낸 비늘로 바닷길을 내준다

우리는 팽목항彭木港에 닻줄 걸어
언 손 잡아준다 끼니 대신 눈물
토해놓은 식구들이 찬 바닥과 담요
한 장의 온기에 떨면서 내 자식만

돌아오라 염원하는 이 없다 생가지
떼어내는 슬픔에 하나되어 기다린다

안산安山에서 몸 키우던 단원고檀園高 모두들
부활절, 봄나들이, 꽃축제 다 내려놓고
하루를 울며 기도하며 살고 있다
소금 창고는 모두 하나로 넘치고 있다
한쪽 어깨를 놓친 바닥짐이, 제
제 자리를 뜬 선장이, 배꼽자리
꽃무늬 지우고 소금꽃 올리고 있다
이제는 물 위로 걸어나와 집으로 가야한다

해설

환상미학 속 몸의 언어
──신경숙 시집 『남자의 방』에 부쳐

이충이<시인>

• 꿈꾸는 일상과 상상력

 우리에게 정신의 섬세한 움직임을 보여주는 시 중에서 과거로부터 현재까지 시대의 흐름을 역행하려는 자세는 재고되어야 한다. 1백년이 지나도록 습관처럼 되풀이되는 우리의 낡은 서정시와 관념시를 지속하는 노력보다는 새로운 시를 쓰려는 역할이 이 시대에 더욱 바람직하다. 시인은 자본과 상업주의의 물결에 밀려 대중문학에 영합하고자 하는 유혹으로부터 벗어나야 한다. 꿈꾸는 일상에서 쉴새없이 자극 받고 도전을 반복하며 창조하는 일이 중요하기 때문이다. 그러나 창조는 저절로 되지 않는다. 위기를 극복하는 상상력과 포기하지 않는 반복의 기법을 통해 그 결실이 이루어지기 때문이다. 더 없이 격조 높고 깊이 있는 확실한 방법은 시를 가볍게 취급하는 모든 문학 공간에서 시에 합당한 공간을 마련하는 데 있다.
　신경숙은 시집 『남자의 방』에서 비유와 상징보다 대상의 관계를 강조하고 있다. 대상에 접근하고 그것을 관념에 맞추지 않으며 대상과 대상 사이의 관계가 이루어지도록 배려한다. 이런 배려 가운데 시는 자신의 내면에서 몸의 언어로 출발한다. 내면에서 나온 시 즉 몸의 언어는 틀을 부수고 통념과 성역을 깬다. 자신과 내면의 계속된 질문은 남과 다른 시를 쓰는 것을 두려워하지 않는다. 이러한 시작詩作 행위는 끝없는 열정과 좌절하지 않는 인내심을 필요로 했을 것이다. 무엇보다도 남과 다른 시를 쓰려고 자신을 쉴새없이 다른 대상으로 이끌어내며 다양한 시도를 했을 것이다. 물론 수많은 시행착오가 있었겠지만, 통념을 깨며 하나의 틀에 얽매이지 않으려는 태도는 높이 평가할 만하다.
　신경숙의 시는 대상의 내면과 형태보다 존재미학의 실재와 끝없는 환상에 빠져들게 한다. 우리가 미처 알지 못하는 사이 크리스테바의 멜랑콜리이론과 기호학적 시각으로 대상을 보도록 인도하고, 상상력을 통해 정서적 깊이를 드러내며 바타이유의 에로티즘미학과 리얼리티에 접근하도록 한다. 이러한 묘사는 삶을 관통한 모순된 가치의 충돌에서 생긴다. 시집 『남자의 방』은 감성을 몸의 언어로 표현하고 있으며 사유를 통해 환상미학으로 표출되는데 이렇게 전개되는 묘사는 눈에 보이지 않고 귀에 들리지 않는 대상까지 불러내고 있다. 이런 시편은 눈으로 읽는 게 아니라 머리로 읽어야 한다.

그래서 생각과 행동을 바꾸고 꿈꾸는 일상을 변화시키며 아무런 생각 없는 사람까지 연민의 감정을 불러일으켜야 한다.

신경숙은 세상과 부딪치고 깨지면서도 생동하는 삶을 선택하고자 한다. 시를 통해 자신이 살아가는 일상을 바꾸려하기 때문에 시인은 심미주의자이다. 이 말의 본의는 치열함이 가득한 열정을 전제로 한다. 무엇보다 우리가 우리의 나태한 일상을 깨부수고, 고통에 찬 상처를 헤집고, 잠을 설치게 하는 아우라를 쏟아내는 것. 그것은 깊숙이 자리잡고 있는 선천적 환상미학 속 몸의 언어를 통해 시로 나타난다. 그래서 시집 『남자의 방』은 모호한 것들에 대한 미묘한 방식으로 전개된다. 절제된 리듬과 세련됨, 단순하고 깨끗한 긴장감은 오늘날 우리가 당연하게 여겨지는 것들을 뒤돌아보게 한다.

- 미적 공간과 몸의 언어

남과 다르게 생각하고 서로 상관없어 보이는 것을 생각하는 통합지성이 형성된 정신세계는 놀랍고도 모순적인 모습으로 나타난다. 그것은 대상과 사물을 묘사하는데 그치지 않고 다르게 보이거나 보이지 않는 깊이에 시선을 집중하도록 만든다. 강력한 서정이나 관념과 끊임없이 형성되는 현재성의 리얼리즘 사이를 지속적으로 오갈 수 있는 것은 테크닉만으로 되지 않는다. 고도의 테크닉은 진실을 방해하거나 창발성을 지배하지 않으며 진정성을 담보로 하기에 어렵다.

    근정전 월대 아래서 물거울을 본다 입술이 중심에서 비켜나 있다 여기 오기까지 한 쪽 어금니로 치우쳐 씹은 까닭이다 빗물이 떨어지자 흔들리는 얼굴에 늘어나는 입꼬리 어금니 틈새로 부서진 이름들이 독 안을 채운다 물린 흉터와 등돌린 문신. 못에 걸린 이름과 벗겨진 신발과 헛발질의 아랫도리를 생각한다 쭉정이 씨앗이, 아니, 씨눈마저 가져보지 못한 홀씨들이 그믐달 무늬에서 움트고 한동안 입술을 뜯어 비늘을 벗긴다 답도를 오르던 눈길에 등줄 타는 땀방울과 불거진 힘줄을 본다 돌계단에 눌린 손가락이 틈을 열고 낮달로 떠있다

    물거울을 보다 중심에서 내려온 입꼬리 들어올리려 턱선을 문지르자 군살처럼 불거진 문신이 드므 속을 빠져나온다
                 ——「물거울을 보다—드므」 전문

  위의 시는 세상을 향해 던지는 진정 어린 물음이다. 누군가 '물거울'에 비친 얼굴을 들여다보면서 쳇바퀴처럼 돌아가는 일상과 지루함과 외로움 등에 마취된 우리를 흔들어 깨운다. 객관적인 실제에 순응하면서 순응하기를 거부하고, 자신의 귀와 눈으로 들으며 낯설게 찌들어 가는 자화상을 마음속 이미지로 형상화하고 있다. 특히 상상의 힘으로 예측이나 측정 가능한 것을 얻어내는 것이 아니라 미지의 가능성까지 보고 있다. '빗물이 떨어'져 흔들리는 '얼굴'을 들여다본다. 그리고 저들이

누리는 누년累年의 행복도 덫에 걸린 지루한 일상일 뿐이다. 사람들은 욕망의 조바심 속에 늙어가며 '부서진 이름들은 독 안'에서 파란을 일으키며 일렁인다.

이 시는 오늘의 '답도'를 오가는 사람들의 삶을 상상하도록 이끌어낸다. 세상은 생각보다 조금도 달라지거나 바뀌지지 않았고 역사는 반복할 뿐이므로 금지된 코드를 캐야 한다. 그래야 위법적인 권위를 뚫고 나올 수 있다. 「물거울을 보다」는 상상력의 변혁적 모태로 우리를 절망감에 빠지게 하고 매력적인 덫에 걸려들게 한다. '물린 흉터와 등돌린 문신' '못에 걸린 이름과 벗겨진 신발과 헛발질의 아랫도리'로 우리는 조바심 속에서 속절없이 늙어간다. 헛되이 늙어 가면서 '씨눈마저 가져보지 못한 홀씨들이 그믐달 무늬에서 움트고' 만날 수 없는 기다림으로 '입술을 뜯'는다. 어느 시대든지 세상은 해방과 자유라는 서사를 만들려했다. 그러나 오늘날 진정한 자유와 평등, 박애의 세상이 오리라고 믿는 사람은 거의 없다. 다른 한편으로 관념철학은 정신실현이라는 서사를 만들어냈다. 언제나 그렇듯 이전이나 그 이후나 정신적 수준에는 큰 차이가 없다. 어찌 보면 인간의 교양수준은 책을 읽던 시절보다 후퇴하고 있는 듯 싶다. 이러한 상황에서는 시적 체험을 통해 자각을 획득하고 사회적 상상력과 다양한 관점의 중요성을 깨닫는 것이 무엇보다 소중해진다. '돌계단에 눌린 손가락이 틈 열고 낮달로 떠 있다'는 어딘가에 다른 삶이 있는 게 아니라 자신을 도외시하는 세상을 경멸하면서 현재

보다 더 수준 높은 권력을 갈망하는 표현이다. '물거울'을 들여다보는 것은 아름다움을 보려는 것이다. 여기에서 아름다움은 권력이다. 아름다움에 대한 집착에서 자유로운 시대는 없었다. 결국 아름다움은 제왕을 끌어당겨 가까워지게 하고 친밀하게 만든다. 우리는 내면의 아름다움이 외적 아름다움보다 중요하다고 말한다. 그러나 의학지식에서 문화사적이나 언어학적 그리고 뇌과학 연구성과가 더해져서 육체적 아름다움이 새로운 권력이 되어 버렸다. '입꼬리를 들어 올리려 턱선을 문지르자 군살처럼 불거진 문신이 드므 속을 빠져 나온다'처럼 외모에 집중하는 사람은 언제나 자신에게 부족한 점만 본다. 아름다움에 대한 지나친 집착은 강박관념의 형태로 나타나는데, 이것은 아름다움이 존재하지 않는 것과 마찬가지라는 의미이다.

> 그 남자는 납물을 안고 다닌다
> 견고하고 다양한 틀 안에
> 마르지 않는 납물이 흐른다
> 납덩이를 물려받은 유복자遺腹子는
> 자르는 법을 알 수 없어 잿빛 막을 만들어
> 부식되지 않는 얼굴을 가지고 있다
> 시도 때도 없이 뱉어놓는 단내는 심장
> 소음을 흡수한다 무심코 열어본 방은 근육질로
> 잠겨있다 축전지蓄電池 용량을 가늠하지 않아도
> 시계市柵를 넘어 남북南北으로 순환하며 펌프질을
> 멈추지 않는다 방은 좀처럼 열리지 않았고
> 가슴뼈를 찌른 후에 녹슨 자물통이 떨어졌다

활자판 위로 납물이 흐른다 네버엔딩이 각질처럼
일어선다 남자의 방을 열은 탓이다
신장병이라 했다 독성이 차곡차곡 발자국에 쌓이고
자물통을 물고 있던 고리에 한 때는 쫄깃했던
염통의 지문을 찍어둔다
껍질을 벗어 놓은 남자의 방에 납비늘처럼
단단한 여자의 살냄새가 고여있다
삼킬 수 없는 타액으로

──「남자의 방房」 전문

「남자의 방」은 삶을 관통하는 모순된 가치를 묘사하고 있다. 여기서 '남자의 방'은 우리가 잊고 있던 어떤 가치를 격렬하게 일깨워준다. 그리고 우리가 겪고 있는 고통과 슬픔을 증언하고 있다. 우리는 많은 것을 잃어도 결국 생명이 있는 한 사람으로서 뭔가를 이루고 싶어한다. 아무리 애써도 남자나 여자가 서로 빠져나갈 수 없는 공간 속에서 감출 수 있는 등은 어디에도 없다. 단단함과 닫힘 그리고 열림은 종이 한 장에 불과하다. 세상은 우리들의 맨몸을 맨눈으로 봐 줄 수 있을까. 삶과 세상을 사유하려던 시대를 미처 깨닫기도 전에 어딘 가로 떠나야할 것 같아 쓸쓸하고 먹먹해진다. 우리는 '삼킬 수 없는 타액으로' 몸을 비비며 살아간다. 우리가 부정할지라도 이것은 모든 일상 속의 풍경이다. 그러므로 「남자의 방」은 변화하고 갈등하고 충돌하며 고정되는 것이 아니라 전이되는 시적 전개과정을 보여주게 된다. 또한 차이를 복제하며 변주곡을 만든다. 시에서 감성과 지성을 끄집어내는 묘사가 비가시적인 대상을 가시화하면 이미지는 삶을 통해 증명했던 흔적으로 나타난다. 깊은 백지 위에 뜨거움과 꿈을 불어넣는 「남자의 방」은 그래서 진정한 소통의 단순하고 깨끗한 긴장을 지녔다고 말할 수 있다. 삶의 깊고 내밀한 부분을 짚어낸 이의 앞에서는 누구나 몸과 마음을 열지 않을 수 없다. 과거와 현재의 경험, 기억과 상처를 자신의 이야기처럼 서사로 만드는 이와 같은 시는 대중이 쉽게 이해하지 못할 수 있다. 그러나 시간이 지나면서 작품 속에 구현된 몸의 언어를 이해하게 된다. 시 속에 구현된 새로운 언어, 그 시 언어의 낯설음을 통해 촉발되는 사유는 낯선 소통을 반대하기 마련이다. '무심코 열어본 방은/ 근육질로 잠겨있다'와 같은 행은 삶의 실상과 체험을 강렬하게 압축한 묘사이다. 여기에서 중요한 것은 보는 대상이 아니라 보는 행위이다. 이처럼 우회하지 않고 뒤로 물러서지 않으며 자신만이 만들 수 있는 표현과 언어를 신경숙은 이번 시집에서 확실히 보여주고 있다. 일반적인 시는 보편성에 안주하면서 스스로 생명을 지워버리거나 개인적인 감상의 늪에서 허우적거린다. 쳇바퀴처럼 돌아가는 일상과 지루함과 불평등에 마취된 시에서는 결코 볼 수 없는 세계이다. 이것은 상상력의 힘으로 보이지 않는 것을 보게 하고 들리지 않는 것을 듣게 하는 미지의 가능성이다. 이러한 의미에서 「남자의 방」은 금지된 코드를 깨고 관습적인 틀을 뚫고 나왔기에 변혁의 모태가 된다.

건너야할 단단한, 무릎을 반쯤 꺾어서 검버섯 올리는 나이, 아니 디뎌온 흙냄새, 여자의 몸을 비우게 하고 텅빈 구멍 속 시곗바늘이 찌르고 발자국을 새겨두고, 한 세기에서 한 세기로 이동하기 위해 낙타 등에 물주머니 실어놓는다

틈이 생겼다 한눈파는 동안, 모래 바깥에서 청매실, 새콤한 침을 모으고 코스모스 계절을 잊은 때부터 우물이 마른 때부터 투명하게 번져간다 책장을 채우고 이력을 늘려가던 빈터에 꽃들이 자란다 시장市場에 세워놓고 뽑아가거나 수신되기를 기대한다 한 장에서 한 장을 넘기고 내가 되기를 끝없이 붙이고 있다

지문을 지우며 허물을 벗어놓을 때, 수리산修理山 길고양이 뜨거운 감자. 베어 문 자리 물주머니 차고 있다 수염을 훑는 일상에 이빨을 던져주고 잇몸으로 날짐승의, 열매를 열어야 하는 시월 펼쳐 읽기 위해 수채화를 그리기 위해, 건너가기 위하여 머리카락이 칡넝쿨처럼 자란다

집을 허물고 세우는 일이 일상이다 주소지는 없다

피서지, 마지막 쓰레기더미 치우는 날, 투명한 화선지 위에 발자국을 그릴 준비를 한다 먼지에 실려온, 바람의 뒤꿈치 찍어두기 위해 틈을 내준다

가둘 수 없지만 길목을 막는다 집을 나간 길고양이 구름을 깔고 앉아 수맥을 찾는다 묻어둔 대롱 속으로 풀물 고인다 지금 투명한 관정管井에 귀를 달아주고 물을 모으고 있다

──「물길을 낙타 등에 실어두고」 전문

신경숙의 시는 읽을 때마다 선명하고 강렬한 이미지들이 날카롭게 마음에 스며든다. 우리를 부끄럽게도 하고 겸허하게도 한다. 우리는 아무 것도 아니며 내가 하는 일이 얼마나 부끄러운 일인가를 알게 한다. 대체적으로 화려함을 쫓기보다 최소한의 수사기법으로 풍성한 서사와 간결한 시의 언어, 응축된 사유를 드러내는 신경숙의 시는 간혹 감성을 보이기도 하지만 이는 삶의 체험에서 비롯된 지혜의 산물이다. 간결하게 적은 시적 경험들은 몸의 기억이거나 손의 기억에서 표현된다. '여자의 몸을 비우게 하고 텅빈 구멍 속 시곗바늘이 찌르고 발자국을 새겨두고, 한 세기에서 한 세기로 가기/이동하기 위해 낙타 등에 물주머니를 실어놓는다'.

때때로 시는 성의 상징이나 비유로 나타난다. 시인은 사물과 대상에서 성을 발견한다. 미의 본질을 끝까지 규명하다 보면 결국 성적인 것이 아름다운 것임을 알게 된다. 성적 감각이 미적 감각이라는 말이다. 인간이 가장 무서워하는 것은 '시곗바늘' 즉 시간이다. 모든 것을 변하게 하는 시간은 붙잡을 수 없다. 쓸데없는 그래서 더 소중한 것은 시간의 '구멍'을 채울 수 있는 '물주머니'이다. 오래된 '물길'은 지배력을 행사해 '물길'을 잃고 헤맨다. 그럴 때 그 '물길'을 알고 있는 '낙타'가 말을 건넨다. 우리에게 말을 건네는 낙타의 말은 침묵이다. 침묵은 낯선 '물길'이라는 타인과 친해지는 내밀한 상태를 의미한다. 우리는 이제 귀기울이고 몸을 낮추어야 한다. 그리고 그 '물길'에 발을 들여놓아야 한다.

  시의 행과 행간과 연에서 애매 모호한 표상表象을 화두話頭로 던지는 「물길을 낙타 등에 실어두고」는 마치 질문이 가득 들끓는 '물주머니'같다. 남과 다른 시를 쓰는 신경숙은 '낙타'의 고삐를 바짝 당긴다. 그러나 우리 사회의 문학권력은 거북이 걸음이다. 남과 다르게 앞서 가려는 시의 바짓가랑이를 붙잡고 <시는 감성>이라며 세기가 지났어도 같은 말을 반복한다. 그러나 '낙타'가 건너가는 '사막'과 같은 세상에도 어딘 가에는 야자대추나무와 오아시스가 존재한다. '사막'의 강바닥 모래 밑에도 물고기가 존재한다. 그 마른 강바닥 더 깊이에 지하호수, 거대한 '물주머니'가 존재한다. 우리는 근본적으로 이룰 수 없는 세상에서 이룰 수 없는 꿈을 꾸고 이룰 수 없는 사랑을 하고 잡을 수 없는 하늘의 별을 잡고 있다. 오래된 상처와 오늘의 고통까지 투사되어 있는 시는 불문율과 도덕과 권위 같은 명제를 진리로 여기는 것을 부정한다. 시는 일방적인 모노로그가 아니라 쌍방의 소통이다. 시는 뻔한 답을 주는 것이 아니라 언제나 질문하고 있을 뿐이다. 그래서 저 '사막'과 같은 곳에 사는 사람들에게 눈을 맞추어야 한다. 시인은 우리 사회에 '낙타'의 '물주머니'를 싣고 길을 나서는 사람이다. 가난한 사람들이 사는 세상에는 슬픔과 아픔이 가득하다. 시인은 무엇을 얻거나 이루기 위해 시를 쓰는 것이 아니다. 시인은 시를 쓰면서 스스로 위안 받는다. 그리고 사람들은 시인이 쓴 시를 읽으면서 위로 받는다. 「물길을 낙타 등에 실어두고」는 대상과 이미지 사이의 낯설음을 만들고 이 낯설음은 잠들지 못하는 손을 잡는다.

  색감과 소리에서 시작하는 리듬도 있다. 우연히 들어앉은 자리, 가면 속에 숨겨둔, 기호로 가득 차있는 판화, 만들고 싶은 기타처럼 맥박이 뛰는 리듬이다. 꼬리를 감추지 못한, 분리할 수 없는 심장 하나 만졌을 뿐, 전에 없는 관심을 가지고 분명 그들은 변이되거나 물 밖으로 건너오지 못할 거라, 볼 수 있는 각도로 이해한다. 소리를 만지작거린다. 그물에 걸려 유영하는 입句이 입句을 끌어당기고 밀쳐낸다. 들숨과 날숨이다. 씨줄과 날줄의 칼날 위에서 작두를 탄다. 더듬거렸던 활자처럼 곡조曲調는 부를 수 없었고 지면紙面을 타는 살찐 문장은 활어活魚처럼 물길을 넘어선다. 뿌리내리지 못한 억새와 오늘을 디디고 물드는 소리는 밀고 당길 수 없는 사이가 있다. 그 사이만큼 미리부터 하루를 펴놓고 핏기 없는 냄새를 끌고 다닌다.

  누구를 만나야하는지 도착지를 어디로 정해야하는지 상형문자를 해독하듯 라디오 주파수를 맞춘다. 더듬거렸던 자음과 모음은 자판 위에서 리듬을 탄다. 알몸을 드러내지 않고 비법은 진열장에 숨어있다. 열대꽃처럼 검게 보이는 붉은 무늬들, 선명하여 현기증이 나는, 광물성의 색, 차갑게 식히거나 달구지 않은 주문呪文으로 땅 위의 소리와 너머의 소리를 탄다. 끝없이 만지작거린 속소리 부서지며, 부서지면서 드러누웠다 다시 일어선다. 활자는 지면을 나와 악보를 더듬거린다. 아무 것도 말하지 않고 모든 것을 말하는 더듬거림으로

    ——「더듬다—시작詩作」 전문

이 시의 묘사는 서정이 아닌 사유적 이야기로 변주되고 전이된다. 물론 이것은 사람의 이야기며 삶 그 자체이다. 이런 시는 아름다운 말로 쓴다. 아니다, 그렇지 않다. 모든 시는 아름답게 만드는 몸의 언어이며 손의 마법이다. 시인이 시를 쓸 때나 우리가 빵을 쪼개어 입으로 가져갈 때, 우리는 얼마나 많은 역사가 이 동작에 결부돼 있는지 미처 알지 못했다. 우리는 '색감과 소리에서 시작하는 리듬도' 미처 알지 못한다. 우리의 아날로그 삶과 함께 수많은 이야기와 숨겨진 상징 그리고 상상의 힘, 길을 걸으며 오감으로 느낄 수 있는 것을 다 알지 못했다. 남녀관계나 음식간의 오묘한 상징 속에도 역사의 기원이 있다. 여자의 손은 남자의 내적 자아와 외적 자아를 연결해준다. 여자의 눈은 남자의 영혼을 빨아들인다. 이 시에서 '더듬다'는 감정이입이다. 한순간 나를 버리고 타자가 되어 보는 것이다. 단순히 감정의 주파수를 맞추는 것이 아니라 '색깔과 소리에서 시작하는 리듬'에 맞춘다. 대상 속으로 다가가 그 일부가 되는 것이다. 심지어 식물의 삶 속으로 들어간 바바리 매클린톡도 있다. 대상 안팎에서 그 일부로 존재하려는 것이다. 그래야 내부까지 읽을 수 있다. '우연히 들어앉은 자리, 가면 속에 숨겨둔, 기호로 가득 찬 판화, 만들고 싶은 기타처럼 맥박 뛰는 리듬'과 '꼬리 감추지 못한, 분리할 수 없는 심장 하나 만졌을 뿐' 모든 대상은 시에 닿아있다.

 연극에서 브레히트 장치는 '소리를 만지작거린다'. 다

시 말하자면 끊임없는 자기부정을 통해 현실을 개선하고자 과거와 현재를 넘나든다. 현실적이면서 비현실적인 시간과 공간에서 끊임없이 충돌해야 현실은 개선된다. 또한 상투적인 소재를 전혀 상투적이지 않는 방식으로 풀어나갔을 때 '그물에 걸려 유영하는 입句이 입句을 끌어당기고 밀쳐낸다. 들숨과 날숨이다. 씨줄과 날줄의 칼날 위에서 작두를 탄다. 더듬거렸던 활자처럼 곡조曲調는 부를 수 없었고 지면紙面을 타는 살찐 문장은 활어活魚처럼 물길을 넘어선다'는 의도를 유추할 수 있다. 이처럼 난해한 환상은 현실의 피로와 질식된 공간에 숨쉴 틈을 제공한다. 현실적이면서 비현실적인 공간으로의 변모는, '누구를 만나야 하는지 도착지를 어디로 정해야 하는지 상형문자를 해독하듯 주파수를 맞추어야 한다. 쉴새없이 눈과 귀를 열고 손으로 만지며 우리의 삶이 반복의 연속임을 깨닫는다.

'더듬거렸던 자음과 모음은 자판 위에서 리듬을 탄다. 알몸을 드러내지 않고' '진열장에 숨어있다'. 오스트리아 여자들은 풍만한 몸을 갖고자 보름달이 뜨는 밤마다 창가에 아무 것도 걸치지 않은 채 서 있는다. '끝없이 만지작거린 속 소리 부서지며, 부서지면서 드러누웠다 다시 일어선다'. '활자는 지면을 나와 악보를 더듬거린다. 아무 것도 말하지 않고 모든 것을 말하는 더듬거림으로' 도시적인 성적 상상력이 감성과 인간관계의 시 속에 구현된다. 손의 욕망은 물신화된 현대성에서 더 큰 성장의 양분을 얻는다. 결국 시는 단순히 머리로만 쓰

여지지 않는다. 일상 전체를 온 몸으로 익히는 삶이어야 하고 자신을 유연하게 파고들어야 새로운 기법을 터득할 수 있다. 이런 기법은 그 자체로써 하나의 강력한 메시지가 된다. 왜냐하면 탈코드는 또 하나의 가장 매력적인 코드이기 때문이다. 그래서 사람들과 부대끼며 몸으로 하는 작업이 공감을 주고 그 공감은 다른 사람들과 깊이 공유된다.

> 옷을 벗는다 시시포스의 바위처럼 들어 올린
> 두 개의 봉분 말캉하고 둥글게 말은 애벌레의
> 몸매 배꼽까지 끌어올린 톡톡한 물방울의 면빤스
> 벗어버리면 농익은, 무화과의 속살 어김없이
> 중력의 법칙을 증명하고 단단하게 감긴 엠보싱의
> 휴지처럼 볼록한 배, 뿌연 욕실 거울 앞에서 옷을
> 벗다 보면 발가벗어도 부끄럽지 않은 날의 우윳빛
> 곡선과 꽃길, 고래는 다닐 수 없는 뱃길이 보인다
> 살과 살이 만져지고 뜨겁게 얽혀
> 이렇게 온 우주를 끌어안은
> 폐경의 늙은 집을 버리고
> 조류의 기억으로 날아보려는 닭의 가슴과
> 풀의 살을 끼니 삼아
> 웃자라는 앞니와 계분의 배설을 꿈꾼다
>
> 나는 이제, 자라나는 달을 버리고 옷을 벗는다
> 원시림의 사내가 유혹하는 정글을 만나고 싶다
>
> ──「벗고 싶다」 전문

  이 시는 우리가 말을 걸어주기를 바라며 오늘의 시

와 인간의 모든 진지한 면을 표면으로 불러낸다. 현실의 한계와 무한의 생각과 무력감과 숭고함에 대한 생각 등 완전함에 이르도록 살라고 불을 지핀다. '옷을 벗'기려 한다. 때로 한 편의 시가 수많은 설명보다 설득력을 얻는다. '옷을 벗어 보면' 또는 '빤쓰'를 벗어버리면 우리 내부의 기존관념, 나아가 가치관이 바뀐다. 뒤집어도 보고 뒤엎어도 봐야 한다는 말이다. 우리는 새로운 기법을 알려고 하지 않는다. 누구나 위기가 없는 삶은 행복하지 않다는 것을 뒤늦게 깨닫는다. 위기에 중심을 잃지 않고 고통과 슬픔을 두려워하지 않으면 행복해질 수 있다. '발가벗겨도 부끄럽지 않'은 아름다움이 그 내부에 있음을 알기 때문이다. 이 시처럼 오늘의 현재성은 낡은 시 가운데서 새로운 시를 추구할 수밖에 없다. 바꿔 말해 서정시나 관념시가 한국시의 현실이라고 볼 때 낡은 시에서 오늘을 모색하는 것은 시가 안고 있는 딜레마이며 해결해야 할 과제이다. 시는 낡은 인식의 틀에서 벗어나 미지의 세계에 인식의 빛을 던져야 한다. 그래서 시는 하나가 아니다. 시인의 안에서조차 하나가 아니다. 시 속에는 이미 수많은 타자가 섞여 있다. 그래서 시는 보편언어로 표현할 수 없고 규정될 수 없고 분류될 수 없다. 여자는 몸이 시키는 대로 아니 손이 시키는 대로 '자라나는 달을 보고 옷을 벗는다'. 여기서 인간의 손 자체가 시일 수 있는 것은 생명의 본능, 성性을 깨달아가는 시인의 자기 찾기에서 극명하게 나타난다. '벗고 싶어'도 또는 벗지 못하는, 풀고 싶어도

풀지 못하는 문제처럼 삶은 질문이고 질문이다. 이것은 고통스럽고 매력적인 작업이다. 치마를 입었을 때와 바지를 입었을 때, 청바지를 입었을 때의 몸가짐이 달라진다. 여자는 우월한 육감으로 대상을 지배한다. 그래서 사랑도 모든 행위를 하나의 영화처럼 기억한다. 여자의 뇌는 감성을 관장한다. 미미한 정서적 차이에 민감하게 반응하며 타인의 감정까지 거울처럼 읽어낸다. 표정과 어투 등 사소한 힌트로 대상의 느낌을 감지하는 여자는 남자보다 언어와 청각에 관한 뇌중추신경세포가 11%나 더 많다. '살과 살이 만져지고 뜨겁게 얽혀 이렇게 온 우주를 끌어안은' 날을 기다리며 여자는 '고래는 다닐 수 없는 뱃길'을 볼 수 있는 것이다.

  시는 우리 삶의 아름다움을 채워주는 창고이다. 이런 시는 모든 평등이며 위대한 평형장치이다. 뜨거워지면 몸 속의 모든 것이 드러난다. 몸이 노출될수록 '곡선과 꽃길'이 뚜렷해진다. 몸매에 자신 있는 사람은 몸을 숨기기 위해서가 아니라 몸을 드러내기 위해 옷을 벗지 않는다. 날씬한 몸매를 가진 여자는 아무 옷이나 입어도 된다. 항상 시대에 맞는 옷을 갖고 있기 때문이다. 몸매 자체가 새로운 패션이다. 누군가를 살갑게 보듬지 못하고 누군가를 완전히 이해할 수 없지만 누군가를 완전히 사랑할 수는 있다. 대상을 재발견하고 재해석할 수 있다는 말이다. 재발견은 리얼리티와 환타지로 이루어진다. 리얼리티와 환타지에 젖었을 때 비로소 대상의 진정한 아름다움을 발견한다. 이것이 환상미학의 재발견이다. 시는 이렇게 새로운 문법으로 아름다움으로 다시 탄생한다.

▪ 끝없는 환상과 절묘한 변주

　신경숙의 시집 『남자의 방』을 '환상미학 속 몸의 언어'로 읽었다. 『남자의 방』은 시작詩作 노트 속 즐거움과 삶의 비밀스런 미적 공간으로 만들어졌다. 고통스런 일상에서 새로운 에너지를 발견하며 보는 각도와 생각하는 방식을 바꿔 모든 것을 시로 만든다. 신경숙은 시 한 편을 만들기 위해 여러 가지 방법을 쓰지 않지만 한 가지 중요한 행을 정해 시작하고 가운데와 끝을 연결하여 명쾌하게 이어간다. 그래서 시를 읽는 사람의 머릿속에 행과 연을 분명하게 각인하게 하고 끊기지 않는 행의 길이와 운율에 따라 연의 넓이에 따라 여러 감동을 전이시킨다. 낯설지만 누구나 다가설 수 있는 일상어의 전개는 그만의 치열한 모험이다.

　이번 시집에서 신경숙은 시를 통해 사유하고 소통하려 한다. 소통의 오해를 통해서 갈리기도 하고 소통의 이해를 통해 하나로 묶기도 한다. 일찍이 시의 수사학도 시를 통해 사람들을 묶어주는 힘과 거대한 뿌리가 되었다. 더러 능력이 있는 시인은 독창적인 사유나 콜라지 기법을 선택했다. 그러나 우리는 시를 읽으면서도 지금 이 순간의 시간을 살지 못하고 있다. 무의식의 심적 구조와 사회구조가 모든 것을 결정하는 시와 친밀하지 못하다. 손끝을 통해 만드는 시인은 세상의 돈과 출세를 마다한다. 소유하지 않고 베풀면 온 세상의 빛이 된다는 것을 알기 때문이다. 그래야 고통받는 타자의 자리에서 타자의 눈으로 세상을 볼 수 있다. 타자를 인식함과 동시에 자신을 인식하게 되는 것은 타자와의 마주침이다. 이것은 타자와의 마주침에 대한 진지한 사유에서 가능하다. 새로운 시를 만들려고 타자 속으로 들어가는 행위는 타자를 받아들이는 일이므로 내 안에 갇혀 있으면 타자와 만날 수 없다. 간과하지 말아야 할 것은 이 관계에서 비움이 전제되어야 한다는 점이다. 비움으로써 타자와 연대가 이루어진다. 이는 몸과 마음의 소통이다. 소통은 이야기로 이어진다. 기존의 서사는 인간간계로 짜여진 이야기였다. 디지털 시대의 이야기는 시작은 있지만 끝이 없다. 타자가 끊임없이 만들어지기에 그렇다. 우리가 사람을 만나는 것은 고통을 만나는 것을 의미한다. 우리가 고통과 마주 서고 그 고통을 나눌 줄 알 때 타인과 참된 인격적 만남 속에 들어가게 된다. 이런 만남을 통해 우리는 시를 늘 새롭게 만들어야 한다. 일상적이고 평범한 방식에서 벗어나 있는 대상의 후면을 묘사해야 한다.

  대상에 닿아 있으면서도 벗어나는 시, 몸의 언어로 만든 시가 그렇다. 우리가 만드는 시는 사실 그 시를 만들기 전에 뇌에서 무의식적으로 결정된다. 우리의 느낌은 대부분 의식적으로 지각되지 못하는 상태에서 일어나기 때문이다. 이것도 다른 사람이나 다른 계층과 차이점을 두고 싶어하는 욕망에서 비롯된다. 어쨌든 시집 『남자의 방』은 몸 안팎의 상처를 후비고 혀로 핥아 시를 매혹적으로 만든다. 또한 우리의 아픔과 상처까지도 지상의 꽃으로 피워낸다. 시를 감성이라고 말하는 사람들이 비웃지 않으면 그것은 좋은 시가 아닐 확률이 아주 높다. 새로운 시의 시작은 늘 보잘 것 없다. 이 말을 조금 돌리면 시를 바꿀 수 있다는 것이다. 희극적이면서 비극적이고 신성하면서도 세속적으로 오늘의 시, 새로운 시에 접근해야 한다. 결국 시는 진실을 볼 수 있게 하는 거짓말이기 때문이다.